SAFETY

SAFETY

발 행 일	2025년 7월 25일 초판 1쇄 발행
지 은 이	진현진
발 행 인	김현균
편　　집	노지호, 최은하, 이어령, 고서희
발 행 처	(주)미디어스트리트
출판등록	2004년 12월 24일(제2004-350호)
주　　소	서울시 강남구 선릉로 513, 10층(역삼동)
전　　화	02-6249-6077
팩　　스	02-6249-6106
홈페이지	www.mediastreet.co.kr

ISBN 979-11-6010-081-5 03320

정가 17,000원

잘못된 책은 바꿔드립니다.
미디어스트리트의 허가 없이 무단 전재 및 복제를 금합니다.

나와 동료의 안전까지 챙기는
안전문화 솔루션

진현진(Edward.Jin) 지음

CULTURE
LEADERSHIP
BEHAVIOR

SAFETY

MEDIA STREET

목차
CONTENTS

006   프롤로그

PART 1
모두가 안전해지는 길
SAFETY CULTURE

013   01. 안전문화
안전문화란 무엇인가?
안전, 언제부터 사회적 이슈가 되었을까?
안전에 대한 연구의 흐름

028   02. 이상적인 안전문화
지향해야 할 안전문화
안전문화 조성 효과

041   03. 이상적인 안전문화 실현을 위한 준비
안전의식, 안전 분위기다
안전시스템, 작동성이다
안전행동, 자발성이다
안전리더십, 참여와 헌신이다

PART 2
안전문화의 엔진을 켜다
SAFETY LEADERSHIP

057   01. 안전리더십
안전리더십이란 무엇인가?
전략적 안전리더십

064   02. 전략적 안전리더십 I. 목표와 전략 리스크 관리
안전문화, 이유 만들기
안전문화 여정의 나침반 만들기
리더의 안전 신념

074   03. 전략적 안전리더십 II. 의사결정 리스크 관리
1인 의사결정 리스크 관리
2인 의사결정 리스크 관리
집단 의사결정 리스크관리

092   04. 전략적 안전리더십 III. 커뮤니케이션 리스크 관리
대규모 커뮤니케이션 관리
조직단위 커뮤니케이션 관리
개인단위 커뮤니케이션 관리
문자 커뮤니케이션 관리

102 **05. 전략적 안전리더십 IV. 저항 리스크 관리**
정서적 저항Emotional Resistance 관리
인지적 저항Cognitive Resistance 관리
사회적 저항Social Resistance 관리
행동적 저항Behavioral Resistance 관리
조직적 저항Organizational Resistance 관리

PART 3
안전문화를 완성하다
SAFETY BEHAVIOR

117 **01. 안전행동 관리**
행동에 집중해야 하는 이유
불안전한 행동을 하는 이유
불안전한 행동을 예방하는 방법
안전행동 실현
행동관리로 기대되는 효과
행동기반 안전관리(BBS) 운영절차

146 **02. 행동기반 안전관리 I. 변화를 위한 전략 수립**
변화를 위한 조직 구성과 역할 정의
변화 실행을 위한 메커니즘 구축
변화를 위한 공감대 형성 및 공유
변화를 위한 코치 선발 및 육성
변화를 위한 과정지표 개발

163 **03. 행동기반 안전관리 II. 변화를 위한 행동 정의**
기존 자료를 통한 행동 선정
선정된 행동 검증
체크리스트

173 **04. 행동기반 안전관리 III. 변화를 위한 실행**
관찰활동
대화활동
분석활동

194 **05. 행동기반 안전관리 IV. 모니터링과 피드백**
모니터링
피드백

204 **06. 행동 변화의 완성, 마부작침磨斧作針**
마부작침磨斧作針이다

208 **에필로그**

Prologue

안전문화
꿈이 아닙니다

•• 안전문화, 과연 가능할까요?

안전문화 사업을 하는 필자가 지향하는 문화는 '기업의 모든 구성원이 자발적으로 자신의 안전과 동료의 안전까지 함께 챙기는 문화'입니다. 기업들을 찾아 열심히 설명하고 나면, 늘 듣는 질문이 있습니다. "과연 가능한가요?"

필자는 뭐라고 할까요? 너무나 당연한 이야기지만 자신 있게 "가능합니다"라고 말합니다. 그리고 안전문화 조성에 성공한 기업들을 열거하기 시작하죠. 여러분도 잘 알고 있는 글로벌 기업들입니다.

그러면 다시 질문을 받습니다. "글로벌 기업뿐이네요. 국내에서 성공한 기업도 있나요?"

4년 전만 하더라도 답을 할 수가 없었습니다. 아무리 찾아봐도 인정할 만한 기업을 찾을 수가 없었거든요. 안전을 잘한다고 소문난 기업들도 안전시스템 구축에 힘쓰거나, 규율과 규칙 그리고 통제로 안전을 관리하고 있었습니다. 안전조직에 모든 것을 의존하는 기업도 있었죠.

하지만 지금은 "네, 있습니다"라고 자신 있게 말합니다. 지난 4년 동안 필자와 함께 '모두가 함께 만드는 안전문화'를 성공적으로 조성해 정착시킨 기업이 있고, 또 다른 성공스토리를 만들어 가고 있는 기업들이 있기 때문이죠.

•• 정말 많이 달라졌어요

'모두가 함께 만드는 안전문화'를 조성한 기업은 국내 대형 중장비를 제조하는 H기업입니다.

안전문화 사업을 처음 진행할 때만 해도 구성원 대부분이 '과연 가능할까?', '좀 하다가 말겠지?', '리더들이 과연 약속을 잘 지킬까?', '일만 늘어나는 것 아냐?' 등 많은 의구심을 가졌습니다.

하지만 안전리더십 프로그램과 행동기반 안전관리 BBS, Behavior-based Safety 프로그램들이 지속되면서 의구심들은 사라져 갔습니다. 처음 사라진 의문은 '좀 하다가 말겠지?'였습니다. 지금까지 3년이 넘게 계속되고 있으니 너무나 당연한 결과죠.

이어 사라진 의문은 '리더들이 과연 약속을 잘 지킬까?'입니다. 기업의 안전문화는 구성원에 의해 완성됩니다. 문화가 일하는 방식이니까요. 하지만 아이러니하게도 문화의 시작을 구성원들이 하기란 거의 불가능합니다. 책임과 권한이 없기 때문이죠. 책임과 권한이 있는 리더가 시작해야 합니다. 무거운 열차를 움직이는 게 엔진이듯 말입니다. H기업의 리더들은 각자 책임과 역할에 맞게 행동 실천을 약속하고, 누구보다 열정적으로 참여하며, 헌신했습니다. 그 결과 구성원들은 신뢰로 보답했습니다.

그리고 생각보다 일찍 사라진 의문도 있습니다. '일만 늘어나는 것 아냐?'입니다. 앞서 말했듯 필자가 지향하는 안전문화는 모든 임직원이 자발적으로 자신의 안전과, 동료의 안전을 함께 챙기는 문화입니다. 일하는 과정에서 자신과 동료의 안전을 위협하는 것으로부터 말이죠. 이때 추가된 건 동료를 향한 관심입니다. 관심을 가지고 관찰하고, 대화를 나누는 것 말입니다. 3년이 지난 지금, H기업의 모든 구성원은 말합니다. 정말 많이 달라졌다고요. 그들은 이제 알아서 서로를 잘 챙깁니다.

•• 열차의 엔진을
켜고 달리자

'우리도 가능할까?'라는 생각이 드시나요? 네, 가능합니다. 세상에 불가능한 일은 없습니다. 첫 발걸음을 내딛는 용기, 실현할 수 있다는 믿음 그리고 꾸준한 실천과 인내만 있다면요. 절대 서둘러서도, 너무 조급해서도 안 됩니다.

여기 안전문화라는 열차가 있습니다. 이 열차의 엔진은 리더입니다. 안전리더십으로 엔진을 켜고, 행동기반 안전관리BBS라는 연료를 태워 목적지를 향해 달리면 됩니다.

이 책은 세상의 모든 근로자가 매일 건강한 몸으로 출근해서, 아무 탈 없이 집으로 돌아가길 바라는 마음에서 썼습니다. 단순히 이론을 소개하는 것이 아니라 성공경험을 기반으로 진심을 담아 썼죠. 그래서 감히 단언해 봅니다. 근로자의 안전을 위해 고민하는 기업 그리고 안전리더들에게 도움이 되리라고요.

컬쳐스탠드 대표 컨설턴트
진현진 Edward.Jin

모두가
안전해지는 길

PART 1

[**SAFETY CULTURE**]

Safety Culture

01

안전문화
Safety Culture

    기업들은 안전을 위해 얼마나 투자하고 있을까? 2023년 1월 한국경제인협회FKI, The Federation of Korean Industries에서 발표한 '매출액 100대 기업의 ESG 보고서'에 따르면 2022년 한 해 동안 안전환경 분야에 투자한 금액이 무려 5조 4,400억 원이라고 한다. 단순 산술평균을 해도 기업당 544억 원에 이르는 큰 금액이다. 중대재해처벌법이 2022년 1월 27일 시행된 점을 고려한다면, 안전을 위한 투자금액은 더 증가했을 것으로 보인다.

    그렇다면 중대재해처벌법이 시행된 2022년 이후, 산업재해는 얼마나 줄어들었을까? 안전보건공단의 자료에 따르면 2022년 재해자는 130,348명으로 2021년에 비해 7,635명이 늘어 재해율이 0.65%전년 대비 0.02% 증가 올랐고, 사망자는 2,223명사고사망자+질병사망자으로 143명이 증가했

최근 7년간 산업재해 및 재해로 인한 사망자 현황

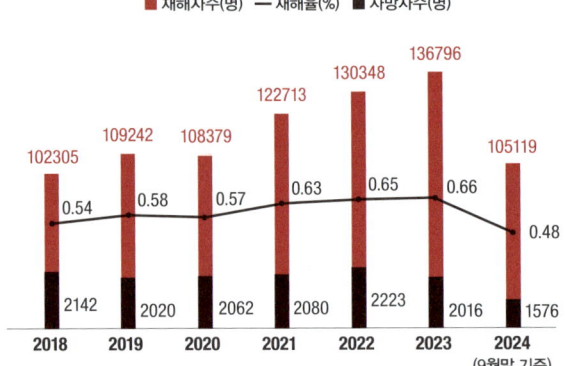

참고자료 : 안전보건공단(2018~2024.9 산업재해 현황)

다. 2024년에는 1월부터 9월까지 누적된 재해자가 105,119명, 사망자는 1,576명이다. 2024년 12월까지 재해자 수와 사망자 수를 예상해 보면 재해자는 140,158명, 사망자는 2,098명으로 추정된다. 산업현장에서 사고가 줄어든 게 아니라 오히려 증가하고 있다.

안전에 대한 기업의 막대한 투자에도 불구하고, 산업현장의 재해는 왜 줄어들지 않는 것일까? 이에 대한 답을 찾기 위해 전문가_{행동 심리학자,} _{안전 컨설턴트 등}들이 사고가 많이 발생하는 기업과 그렇지 않은 기업, 안전에 있어 우수한 성과를 내는 기업과 그렇지 않은 기업들을 대상으로 연구하고 실험을 진행했다. 그 결과 그들이 찾은 답은 '안전문화'였다. 기업의 산업재해는 기업의 안전문화와 깊은 연관이 있다는 결론이다.

"The product of individual and group values, attitudes, perceptions, competencies, and patterns of behavior that determine the commitment to, and the style and proficiency of, an organization's health and safety management."

"안전문화란 건강과 안전관리에 있어 헌신과 스타일을 결정하는 조직과 개인의 가치, 태도, 인식, 역량 그리고 행동 패턴의 산물이다."

이를 쉽게 설명하면 안전문화는 조직과 조직 구성원들이 '일상적으로 일하는 방식'이라 할 수 있다. 안전문화에는 좋은 문화와 나쁜 문화가 있다. 나쁜 문화는 안전을 전혀 고려하지 않고 일하는 문화이고, 좋은 문화는 안전을 최우선적으로 고려해서 일하는 문화다. 기업은 좋은 문화를 꿈꾼다. 기업의 모든 구성원이 건강한 몸으로 출근해서 건강한 몸으로 퇴근해 집으로 돌아가길 바란다.

•• 안전, 언제부터 사회적 이슈가 되었을까?

2024년 6월 24일 대한민국을 떠들썩하게 만든 사건이 있다. 경기 화성에서 일차전지를 제조하던 공장(아리셀)에서 발생한 화재사고다. 이 사

안전문화란 무엇인가?

안전에 대해 조금이라도 관심이 있다면 '안전문화Safety Culture'라는 용어가 처음 등장하게 된 계기가 체르노빌 원전사고1986.4.26라는 사실을 알고 있을 것이다.

> "That assembly of characteristics and attitudes in organizations and individuals which establishes that, as an overriding priority, nuclear plant safety issues receive the attention warranted by their significance."
> – INSAG 사고조사 보고서 내용 중 –

위 내용은 체르노빌의 모든 조직과 개인들이 안전을 최우선으로 여기지 않는 특징과 태도들의 집합체로 사고가 발생했다는 것이다. 즉, 사고가 안전을 중요하게 여기지 않는 조직 문화에 기인하고 있다고 말한다. 체르노빌 원전사고 이후 쉐인을 비롯해 허드슨, 리즌 등 많은 전문가가 안전문화에 대한 정의를 발표했다. 하지만 일반적으로 통용되는 정의는 다음의 영국보건안전위원회HSE, Health and Safety Executive에서 정의한 것을 차용하고 있다.

고로 23명의 근로자가 사망했고, 8명의 부상자가 발생했다. 사망한 근로자의 대부분이 외국인이었다 한국인 5명, 중국인 17명, 라오스 1명. 외국인이 다수 사망한 이 사고는 죽음의 외주화라며 세상을 떠들썩하게 만들었다.

2024년 12월 30일 광주 무안공항에서 비행기가 활주로를 이탈해 로컬라이저가 설치된 콘크리트와 충돌해서 폭발하는 사고가 있었다. 비행기에 탑승해 있던 181명 중 179명이 사망했다.

2025년 2월 25일에는 고속도로 교량 건설 중 상판 구조물이 붕괴하며 근로자 4명이 사망하고, 6명이 부상을 입는 큰 사고가 발생했다. 이동하는 차량 뒤로 교량이 붕괴하는 사고영상이 뉴스와 인터넷에 도배가 되었다. 세상을 다시 한 번 떠들썩하게 만든 것이다.

2022년으로 시간을 되돌려보면 1월 29일 양주에서 발생한 채석장 붕괴사고, 10월 15일 평택에서 발생한 노동자 설비 끼임 사망사고 등 사회적 이슈가 된 사고들이 꽤 있다.

이처럼 때와 장소를 가리지 않고 중대재해사고가 발생하고 있다. 사고가 발생한 기업에 대한 사회의 시선은 차갑다. 소비자는 사고를 일으킨 기업의 각종 멤버십에서 탈퇴하며 불매운동을 벌이고, 서비스 이용을 꺼리며 위험의 외주화라며 목소리를 높인다. 사고를 일으킨 기업에 대한 불신을 전 사회로 확산시키고, 안전을 사회의 주요한 이슈로 만드는 것이다.

그럼 안전이 사회적 이슈로 등장하기 시작한 시기는 언제부터일까?

1 | 18세기 중반 영국 사회의 이슈가 되다

1760년부터 1820년은 영국의 전성시대다. 영국에서 시작된 기술의 혁신과 새로운 제조공정은 사회와 경제 전반에 걸쳐 큰 변화를 일으켰다. 영국의 전성기를 이끈 산업은 섬유산업과 광산산업 그리고 철도산업이다.

제임스 와트가 증기기관을 개량해 대량생산이 가능하게 되면서다. 영국의 산업화는 노동자를 이전에 비해 더 많은 위험에 노출시켰다. 이 과정에서 사망자와 부상자가 속출했고, 대중은 의회에 규제가 필요하다면서 엄청난 압력을 행사했다.

안전이 사회적 이슈로 등장하면서 영국 정부는 검사원제도를 섬유공장1833년, 철도1840년, 광산1842년에 도입했다. 기업은 노동자가 사망하는 사고가 발생하면 의무적으로 정부에 보고해야 했고, 정부의 검사기관으로부터 사고조사를 받아야만 했다. 이후 안전 역사에 있어 그 유명한 로벤스 위원회1972년가 설립되었고 각종 입법이 만들어지기 시작했다.

2 | 1950년대 미국 사회의 이슈가 되다

제2차세계대전 이후1945~1960년대 세계 경제는 미국을 중심으로 놀랄 만한 성장을 했다. 전쟁으로 폐허가 된 인프라를 건설하고, 전쟁에서 사용된 기술을 바탕으로 자동차와 비행기, 전자 제품들을 만들기 시작했다. 하지만 그 성장의 뒤편엔 노동자들의 큰 희생이 있었다. 수많은 노동자가 최소한의 안전조치도 없이 위험한 작업장에 투입되어 희생된 것이다. 이때 인종차별 문제와 더불어 안전이 사회적 이슈로 등장했다.사고로 인해 발생하는 기업의 재무적 손실 규모가 막대해서 사회적 이슈로 부각 오늘날 대부분의 기업이 안전을 위해 시행하고 있는 TBM Tool Box Meeting 활동이 이때부터 시작했다는 설도 있다.

1945~1960년대 미국 건설현장 모습

출처 : 구글 이미지

- **1950년대 미국에서 발생한 대형사고**
  - **시카고 노면전차 충돌** 1950.5.25 : 64명의 사상자 사망 34명, 부상 30명 발생
  - **오리엔트 탄광 폭발** 1951.12.21 : 119명의 사망자 발생
  - **모나크 언더웨어 컴퍼니 화재** 1958.3.19 : 39명의 사상자 사망 24명, 부상 15명 발생

3 | 1990년대 중반 한국 사회의 이슈가 되다

우리나라에서 경제개발이 본격적으로 이뤄진 시기는 1961년 경제개발 5개년 1차 계획을 발표한 이후라 할 수 있다. 이때 천연자원을 중심으로 1차 산업농업, 임업, 어업 등과 경공업의류, 종이, 음식료품, 문구 및 각종 생활용품 등을 육성하고, 수출을 위해 경부고속도로를 건설했다1968.2~1970.7.

경부고속도로 건설에 투입된 연평균 인원만 해도 약 892만8천여 명에 달했고, 장비는 165만 대가 투입되었다고 한다. 안타깝게도 이때 77명의 근로자가 터널 건설과 교량 건설 등 위험한 작업 과정에서 사망했다. 경제 발전이라는 이슈에 파묻혀 근로자의 사망이 사회적 이슈로 대두되진 못했다. 1994년 10월 21일에는 한강 성수대교가 붕괴하는 사고가 발생했다. 이 사고로 32명이 사망하고, 17명이 부상을 입었다. 사고의 원인은 부실공사와 유지관리 부실로 밝혀졌다. 이듬해 1995년 6월 29일 서울 서초동의 삼풍백화점이 무너졌다. 502명이 사망하고, 950명이 넘게 부상을 입었다. 사고의 원인은 마찬가지로 부실공사와 부실관리로 밝혀졌다.

국민은 불안에 빠졌다. 언제 어디서 건물이 무너질지 모른다는 두려움에 빠졌고, 비로소 안전이 사회의 이슈로 등장했다. 매월 4일에 실시하는 '안전 점검의 날'도 이때 생겼다. 안전 점검의 날은 1996년 4월 4일 행정시책으로 처음 시행한 이후, 2004년 4월부터 「재난 및 안전관리 기본법」에 의거해 주기적으로 시행하고 있다.

•• 안전에 대한 연구의 흐름

　산업현장에서 발생한 사고에 대해 원인을 제대로 분석하기 시작한 것은 20세기 초다. 18세기 중반 영국은 섬유와 광산 그리고 철도산업으로 세계 경제를 호령했다.

　하지만 섬유공장 끼임 사고를 비롯해 광산 붕괴사고, 철도차량 충돌사고로 인한 근로자 사망사고가 끊이지 않았다. 이에 정부는 사고예방을 위해 검사원제도를 도입해 운영했지만 사고는 줄어들지 않았고, 오히려 급속히 증가했다.

　사고의 심각성을 인지한 영국 정부는 산업피로연구위원회IFRB, Industrial Fatigue Research Board에 사고의 원인을 조사해 달라고 공식적으로 요청했다. 이때가 1919년이다.

　IFRB의 연구원이었던 그린우드와 우드는 정부의 요청에 따라 군수품 공장을 대상으로 3개월 동안 사고율을 조사하고, 사고원인을 분석했다. 처음으로 사고원인에 대한 체계적인 조사와 과학적인 분석이 이뤄졌다.

　IFRB에 의한 사고원인 분석은 '하인리히 법칙'이 처음 기록된 저서 《Industrial Accident Prevention, A Scientific Approach》가 출간된 시기1931년보다 12년이나 앞선다.

1 | 안전, 사람이 문제다

영국 정부의 요청을 받은 IFRB는 사고의 원인을 3가지로 정리해 발표했다. 첫째, 사고는 우연의 결과다. 사고는 누구에게나 일어날 수 있는 것이고, 언제든지 일어날 수 있다는 의미다. 둘째, 사고를 경험한 사람은 다시 사고를 경험할 가능성이 크다. 셋째, 일부의 사람은 다른 사람들에 비해 사고를 당할 가능성이 더 크다. 한 마디로 사고는 사람의 문제라는 것이다. 이것이 바로 그린우드와 우드의 '사고 발생 가능성 모델Accident proneness model'이다.

IFRB의 발표로 영국의 안전관리는 환경이나 시스템보다 사람에 집중했다. 그것도 사고를 경험한 사람에게 집중했다. 사람을 뽑을 땐 사고가 없는 사람을 가려 뽑고, 여러 번 사고를 경험한 사람들은 해고하는 방법으로 안전관리가 이뤄졌다. 그린우드와 우드의 사고 발생 가능성 모델은 기업들이 안전관리를 소홀히 하게 된 근거가 됐다. 사고에 대한 책임이 없으니 안전관리를 위해 힘쓰지 않는 것은 너무나 당연한 결과다.

● **사고 예방을 위한 주요 활동**
- 사고 경험이 없는 근로자 선발
- 안전 감시자 선발 및 사고자 집중 감시
- 사고자 교육
- 사고 경험이 많은 근로자 해고

2 | 안전, 사람과 환경의 문제다

그린우드와 우드의 사고 발생 가능성 모델은 하인리히에게도 영향을 미쳤다. 하인리히가 1931년 발간한 《Industrial Accident Prevention, A Scientific Approach》라는 책의 내용이 사람의 문제에 집중되어 있다는 것이 그 증거다.

하지만 하인리히는 그린우드와 우드보다 조금 더 진보된 주장을 한다. 사고가 사람의 문제이긴 하나, 불안전한 조건에 의해서도 발생한다는 것이다. 즉, 불안전한 조건상태와 환경도 사고의 주요 원인이 된다는 것이다. 하인리히는 불안전한 조건 속에서 근로자는 어쩔 수 없이 불안전한 행동을 할 수밖에 없다고 생각했다. 이에 '불안전한 행동에 의한 사고'와 '불안전한 조건에 의해 발생하는 사고'의 비율을 조사했고, 그 비율이 80:20이라는 것을 발견했다.

한편 하인리히는 '도미노 이론Domino theory'을 통해 결과가 그냥 발생하는 것이 아니라 원인의 과정을 거쳐 발생한다고 말한다. 도미노가 순차적으로 넘어가는 모습처럼 하인리히는 사고가 5가지 개별 단계를 거쳐 발생한다고 주장한다.

1단계 사회적 환경과 유전Social environment&heredity, 2단계 개인적 실패 또는 실수Personal failings or mistake, 3단계 불안전한 행동/물리적 위험Unsafe behavior/Physical hazard, 4단계 사고Accident, 마지막 5단계 부상/재산 피해/아차 사고Injury/Property damage/Near miss가 그것이다.

하인리히의 도미노 이론

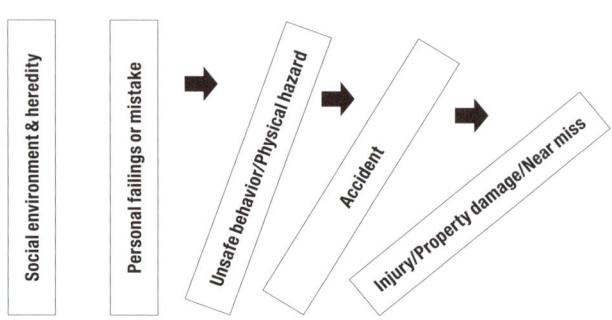

참고자료 : Heinrich's Domino Model of Accident Causation(1980)

하인리히는 5단계 도미노 이론을 통해 사고는 1~3단계에서 충분히 예방할 수 있다고 주장했다. 처음으로 사고 예방을 위한 안전관리의 중요성을 언급한 것이다. 하지만 이러한 주장은 당시에 환영받지 못했다. 여전히 그린우드와 우드의 사고 발생 가능성 모델이 지배하던 시대였기 때문이다.

● **사고 예방을 위한 주요 활동**
- 근로자 관리 및 환경 개선을 위한 안전 관련 법률 제정
- 근로자의 실패와 실수를 줄이기 위한 교육과 훈련
- 근로자의 태도 개선을 위한 계몽선전 활동

3 | 안전, 리더십과 시스템을 언급하다

사고의 원인이 리더십에 있다고 처음 제시한 연구자가 있다. 바로 웨버다. 웨버는 도미노 이론을 바탕으로 사고의 원인에 대해 심층적으로 연구했다. 하인리히 도미노 이론의 5단계를 그대로 준용했으나 결과는 다소 달랐다.

사고가 근로자의 불안전한 행동과 물리적 위험3단계에 의해 발생하나, 3단계를 포함해 나머지 4, 5단계가 리더의 문제에 의해 발생한다는 것이다. 즉 리더십의 문제라는 것이 웨버의 주장이다.

웨버는 '왜 불안전한 행동과 물리적 위험이 발생하도록 허용했는가?'라는 질문에 집중했다. 질문에 대한 답을 찾기 위해 사고현장의 리더를 대상으로 '규칙과 절차는 제대로 알고 있는지', '알고 있다면 규칙과 절차를 어길 때 방치했는지'를 확인한 결과, '리더십 부재'가 그가 찾은 결론이었다. 특히 '경영진의 리더십 부재'가 가장 큰 문제였다.

웨버의 이 주장은 사고에 대한 책임이 리더에게 있고, 관리 감독의 책임을 추궁해야 한다는 사회적 인식을 형성하는 계기가 됐다.

● **웨버의 세 가지 핵심 질문**

- What unsafe act or condition?
- Why was the unsafe act or condition allowed to occur?
- Were rules and procedures known to managers/supervisors?

— 웨버의 사고 원인 연구 중 —

- **사고 예방을 위한 주요 활동**
  - 안전관리시스템 구축을 통한 안전조직/인력, 안전 KPI, 업무·활동 표준화 PDCA 등 안전활동 제도화
  - 안전감독자 선발 운영
  - 리더의 안전관리 역량 교육·훈련
  - 안전규정 및 절차 준수에 중점을 둔 안전감시
  - 법정교육 중심의 안전교육·사고사례 전파

4 | 안전, 문화가 언급되다

'안전문화'라는 용어가 처음 등장한 것은 1986년 체르노빌 원전사고에 대한 사고조사 요약보고서라고 앞서 언급했다. 그런데 그보다 앞서 1976년 사고의 원인이 문화에 있다고 암묵적으로 인정한 연구자가

애덤스의 도미노 이론

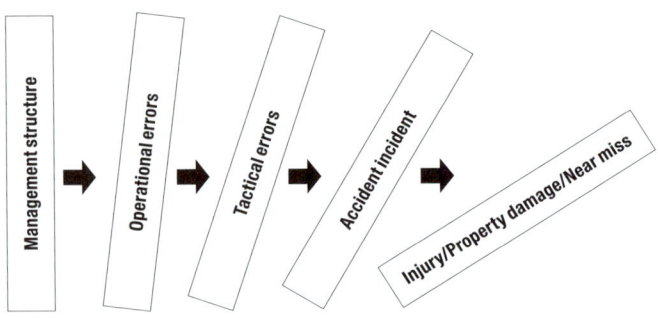

참고자료 : Accident causation&the Management systems, Professional Safety(1976)

있다. 그의 이름은 애덤스다. 애덤스는 당시 발표한 논문 〈Accident causation&the Management systems, Professional Safety〉에서 "사고는 관리구조와 운영에 따라 발생한다"고 주장했다. 즉, 조직의 성격에 따라 운영의 실패와 실수 여부가 결정되고, 운영 실패와 실수가 생길 시 전술적 오류가 발생해 결국 사고로 이어진다는 것이다.

조직의 성격, 즉 조직의 문화가 사고의 근본적인 원인이라는 것을 암시하는 대목이다. 그리고 애덤스는 덧붙인다. 조직의 성격을 결정하는 것은 경영자이기 때문에 그의 역할이 매우 중요하다고 말이다. 애덤스 이후 안전 연구에 문화적 관점의 분석이 이뤄지기 시작했고, 그 영향력이 오늘날까지 이어져 오고 있다.

지금까지 안전문화에 대한 정의부터 안전 연구의 흐름에 대해 살펴보았다. 그렇다면 이제 이상적인 안전문화는 어떤 문화인지, 이를 위해서는 무엇이 필요한지에 대한 답을 찾아볼 차례다.

● **사고 예방을 위한 주요 활동**
- 기업의 핵심 가치 '안전'
- 리더의 참여와 헌신 강조
- 리더의 전략적 의사결정과 현장 경영활동
- 인적행동 실패 구분 에러/위반, 고의적/비고의적
- 행동 중심 안전관리 도입 및 운영
- 안전리더십 마인드 및 역량 향상 교육·코칭
- 안전문화 교육 및 캠페인

02

이상적인 안전문화
Safety Culture

"세상에서 가장 안전한 기업은 어디입니까?"라는 질문을 받아 본 안전 전문가라면 한 명도 빠지지 않고 언급하는 기업이 있다.

바로 '듀폰DuPont'이다. 듀폰은 1802년 화학 제조기업으로 설립되어, 지금은 섬유, 플라스틱, 건축용 자재까지 생산하며 223년의 역사를 이어오고 있다.

듀폰의 핵심 가치는 '안전과 보건Safety&Health', '환경보호Environment Stewardship', '인간존중Respect For People' 그리고 '윤리적 행동Highest Ethical Behavior' 네 가지다. 이중 가장 먼저 나오는 가치가 안전이다. 듀폰은 그 어떤 가치보다 안전을 최우선시하는 기업으로 유명하다. 이러한 듀폰의 안전 가치는 특별하다. 그 어떤 이유에 의해서도 절대 타협할 수 없는 가치가 안전이기 때문이다.

안전이 대우받는 기업이 또 있을까? 아마도 없을 것이다. 그 이유는 무엇일까? 듀폰의 아픈 역사에서 그 이유를 찾을 수 있다.

1818년 듀폰의 설립자는 공장에 집을 짓고 살았다. 어느 날 술 취한 직원의 실수로 공장에 폭발사고가 발생한다. 자리를 비웠던 설립자는 무사할 수 있었지만, 이 사고로 40명의 근로자가 사망하고, 그의 아내와 자녀는 크게 다쳐야만 했다. 이 사건을 계기로 듀폰에서 안전은 절대 타협할 수 없는 가치가 됐다.

208년이 지난 지금도 이는 철저하게 지켜지고 있다. 그렇다면 핵심가치만으로 듀폰이 세계 최고의 기업이 된 것일까? 그렇지 않다. 듀폰은 안전과 관련된 다양한 노력을 했다. 그 중 핵심적인 노력을 꼽자면 다음과 같다._{필자 기준임을 미리 알린다.}

첫째, 1811년 첫 번째로 규정한 안전규칙은 리더의 책임에 관한 것이었다. 이때부터 안전에 대한 리더의 솔선수범과 안전리더십 강화 활동이 이뤄진 셈이다. 둘째, 사고 이후 직원들에 대한 안전교육을 강화하고, 피해자 가족을 위한 연금제도를 만들었다. 셋째, 1912년에 안전통계를 도입해 관리하기 시작했다. 넷째, 1950년대부터 근무시간을 포함해 근무시간 외에도 안전 프로그램을 상시 운영하고 있다.

다섯째, 1960년대부터 STOP_{Safety Training Observation Program}으로 사업장의 안전 상태와 근로자의 행동을 체계적으로 관리했다. 여섯째, 지향하는 안전문화를 설정해 로드맵을 수립했으며 이를 매년 모니터링하고 평가한다. 이외에도 다양한 활동이 있지만, 언급한 여섯 가지가 듀폰을 세계 최고의 안전기업으로 만든 대표적인 활동이다.

> ● **1811년 수립된 듀폰의 첫 번째 안전규칙**
> Safety is a line management responsibility. No employee may enter a new or rebuilt mil luntil a member of top management has personally operated it.

듀폰의 역사 대부분은 안전의 역사와 함께 해왔다고 해도 과언이 아니다. 안전을 최우선 가치로 삼아 세계 최고의 안전문화를 조성한 결과는 1955년부터 선정을 시작한 '포춘 500'에서 한 번도 빠지지 않고 등재됐다는 것, 그중 최장수 기업으로 선정되기도 했다는 것이다. '가장 존경받는 50대 기업'에서도 빠지지 않는 영애는 물론이다.

·· 지향해야 할 안전문화

우리 기업의 안전문화는 어느 정도 수준일까? 그 궁금증을 해소하기 위해 많은 기업이 '브래들리 커브 모델Bradley Curve Model'을 활용하고 있다.

브래들리 커브 모델은 듀폰이 실현하고자 하는 문화를 지향점으로 그동안 듀폰의 안전문화가 어떻게 발전해왔는지 설명하기 위해 만들어졌다.

이 모델은 한 가지 가설을 전제로 한다. '조직의 안전문화가 성숙해질수록 사고율은 급격히 감소한다'는 가설이다. 사고가 거의 없는 안전문화, 세상의 모든 기업이 꿈꾸고 실현하길 바라는 문화다. 기업이 지향해야 하는 안전문화, 그 답을 브래들리 커브에서 찾을 수 있다.

브래들리 커브 모델 Bradley Curve Model

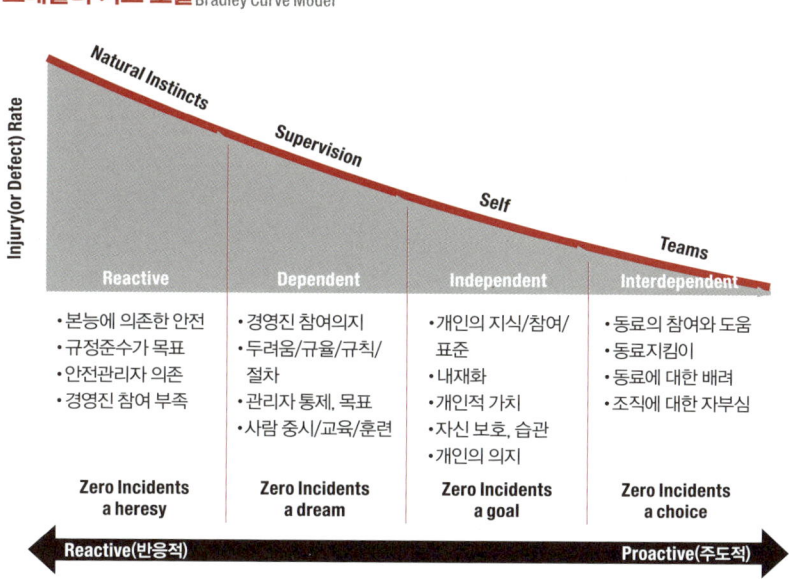

*참고자료 : DuPont Sustainable Solution Director, NSC 2010

브래들리 커브 모델은 듀폰의 안전 전문가 브래들리가 안전문화의 발전을 체계적으로 설명하고자 개발했다. 여기에는 듀폰의 안전관리 철학이 담겨있다. 안전관리는 규정 준수에 그치지 않고, 개인과 조직이 일하는 방식_{의식과 행동 변화}과 결합할 때 사고율이 감소하는 실질적 성과를 만들어 낼 수 있다는 것이다. 브래들리 커브 모델에서는 안전문화의 성숙도를 4단계로 나누는데, 분류 기준은 '개인과 조직이 안전에 대해 어떻게 반응하는가?'이다. 그리고 단계별로 개인과 조직이 일하는 방식의 특징을 정리하고 있다.

> ● **브래들리 커브의 안전문화 4단계**
> ・1단계 : 반응적_{Reactive} 안전문화
> ・2단계 : 의존적_{Dependent} 안전문화
> ・3단계 : 독립적_{Independent} 안전문화
> ・4단계 : 상호의존적_{Interdependent} 안전문화

　　먼저 1단계 반응적 단계의 안전문화는 개인과 조직이 사고가 발생했을 때만 반응하고, 모든 안전관리가 사고처리에 초점을 맞춰 일하는 문화라고 정의한다. 세부적으로 사고 예방을 위한 안전관리는 개인의 본능에 의존하고, 규정 준수에 목적을 두며, 경영진의 참여가 매우 부족한 것이 특징이다.

　　이와 같은 안전문화에 속한 개인과 조직은 '사람은 실수를 하는 존

재이기에 사고는 어쩔 수 없는 일이다'는 인식이 만연하다.

2단계 의존적 단계의 안전문화는 기업의 모든 안전관리가 리더의 지시에 의해 이뤄지고, 개인과 조직은 지시에 의해서만 일하는 문화라고 정의한다. 리더의 지시 없이 개인과 조직은 안전관리를 안 한다는 것. 따라서 조직 전반에는 '안전은 관리자 또는 안전조직의 일이고, 책임이다'라는 인식이 만연해 있다.

3단계 독립적 단계의 안전문화는 조직 구성원 개인이 스스로 책임지고, 규정을 준수하면서 일하는 문화다. 이 단계에서 구성원들의 안전관리에 대한 인식이 크게 변화하게 된다. '안전은 리더나 안전조직의 일이 아닌 나의 일이고, 책임이다'라는 인식으로 말이다. 이때부터 기업의 사고는 크게 줄기 시작한다.

마지막 4단계 상호의존적 단계의 안전문화는 자신을 넘어 함께 일하는 동료의 안전까지 챙기며 일하는 문화라고 정의한다. 개인과 조직이 서로를 챙기기 때문에 사고는 거의 일어나지 않는 안전한 상태가 된다는 것이다.

모든 기업이 꿈꾸고 실현하고 싶은 안전문화는 사고 없는 문화다. 이 점을 고려하면 이상적인 안전문화란 브래들리 커브의 상호의존적 단계의 안전문화라 할 수 있다. 기업의 모든 임직원이 출근해서 퇴근할 때까지 자신의 안전과 함께 일하는 동료의 안전까지 챙기며 일하는 것이다. 이를 실현하기 위해서는 구성원 개개인이 스스로 규정을 지키고, 자발적으로 동료의 행동을 관찰하며, 건전한 대화와 건강한 안전활동이 필요하다. 필자는 관찰과 대화 활동이 넘치는 문화를 '건전하고, 건강한 안전문화'라 부른다.

> **● 건전하고, 건강한 안전문화의 개인 및 조직적 특징**
> - 최상위 리더(경영진)의 높은 참여와 헌신
> - 개인 및 조직 간 원활한 소통과 지원
> - 안전관리를 위한 과정활동 중시
> - 아차사고 및 위험요인 보고 활성화
> - 안전관리활동 결과 및 제안 건에 대한 피드백 활성화
> - 기업과 리더에 대한 신뢰
> - 안전경영 및 안전활동에 대한 높은 자부심

안전문화 조성 효과

"안전문화, 돈은 많이 들어가고 효과도 별로 없는데 왜 조성해야 하나요?" 한 번쯤 꼭 꺼내고 싶은 질문이었을 것이다.

앞서 언급한 대로 우리나라 100대 기업들은 2022년 한 해 안전환경 분야에 5조4,400억 원이라는 막대한 금액을 투자했다. 기업당 투자금액이 544억 원이다. 그러나 이렇게 많은 금액을 투자하고도 사고는 줄

지 않고, 오히려 생산과 품질 향상을 방해하고 있다는 인식이 기업 전반에 깔려 있다. 안전을 여전히 비용으로 여기는 것이다.

여기에서 생각해봐야 할 것이 두 가지 있다. 하나는 '그 많은 돈을 어디에 썼을까?', 다른 하나는 '정말 효과가 없는 것일까?'이다. 두 가지 모두 의문이 들지 않을 수 없다. 의문은 확인을 통해 해소할 수 있는데, 전자는 기업이 투자한 곳이 어디인지 세부 내용을 확인하면 된다. 후자는 사례나 연구를 통해 확인할 필요가 있다.

필자는 전자에 대한 정보가 부족해 이는 기업들에 맡기고, 후자에 대해 안전문화 조성에 따른 효과를 연구한 전문가 사례와 개인적인 경험을 통해 설명하고자 한다.

1 | 사고감소 효과

안전문화 조성을 통해 사고율 감소 효과를 입증한 대표적인 기업은 역시 듀폰이다. 안전에 대한 듀폰의 기본 신념은 '모든 사고는 예방할 수 있다'는 것이다. 사고율 제로를 위해 지금도 도전하고 있다.

1811년 첫 번째 안전규정을 만든 이후, 안전에 있어 세계 최고의 기업이라는 찬사를 받는 듀폰도 사고가 더 이상 줄어들지 않는 정체기를 겪은 적이 있다. 바로 1980년대 후반이다. 듀폰의 안전 전문가 브래들리는 1990년 사고율 정체의 원인을 파악하고, 안전문화의 새로운 도약을 위한 방향을 찾기 위해 고심했다. 고심 끝에 만든 모델이 브래들리 커브 모델이다. 듀폰의 사고율이 정체된 이유는 당시 듀폰의 안전문화가 개인 스스로 안전은 챙겨도 동료까지 챙기는 단계에 이르지 못한 것이 원인이라고 브래들리는 판단했다. 이때부터 듀폰은 서로를 돌보는 안전문화로의 진화를 위해 1995년 디스커버리 팀을 발족했다. 디스커버리 팀 발족의 목적은 기업 전반에 '인간에 대한 배려', '감동을 주는 리더'를 이식하는 것이다. 즉, 디스커버리 팀으로 문화의 다리를 넘고자 했다. 이러한 노력의 결과 1980년 후반부터 정체된 사고율을 3년 만에 70%나 줄이는 놀라운 성과를 만들어 냈다.

안전문화 조성을 통해 사고를 줄인 기업은 듀폰뿐만이 아니다. 알코아Alcoa도 안전문화 도입으로 사고율을 크게 감소시켰다. 1987년의 알코아는 사고로 인한 근로손실LWD, Loss Work Day 지표가 1.9에 달해 기업의 안전수준이 매우 심각한 상황이었다. 이때 폴 오닐이 알코아의 새로운 CEO로 부임했고, '안전하고, 행복한 일터'를 만들겠다는 의지를 취임사에서 천명했다. 그리고 안전을 기업의 최우선 가치로 여기고, 모든 구성원이 '숨 쉬듯' 실천해야 한다고 강조했다.

리더들은 사무실을 벗어나 현장을 찾기 시작했고, 근로자들은 리더들의 노력에 부응했다. 그 결과 사고율이 크게 줄기 시작했고, LWD 지표는 크게 개선되었다. 오닐이 알코아를 떠나는 2000년의 LWD 지표는 0.2에 불과했다. 무려 1.7이 개선되는 놀라운 성과를 만든 것이다.

알코아는 오닐이 떠난 이후에도 안전문화를 지속적으로 발전시키며 사고율 제로에 도전하고 있다. 필자도 이를 이어받아 2018년부터 인프라 구축 및 유지관리를 하는 공공기관을 시작으로 국내 대형장비 및 가전 제조기업, 석유화학기업, 건자재 제조기업 등에서 안전문화 컨설팅을 해왔다. 컨설팅을 통해 근로손실이 발생하는 사고들을 줄일 수 있었고, 지금도 꾸준히 줄여가는 중이다.

2 | 생산성 향상과 재무 기여효과

2017년 LNS 리서치에서 세계 기업들의 안전 투자와 효과성에 관한 연구 Safety and Risk management 결과를 발표했다. 발표 내용 중에는 '안전 투자의 효과성'에 대한 설문조사 결과도 있다.

LNS 리서치의 연구 결과에 따르면 60%의 기업이 안전 투자로 재무적 이익이나 운영상의 이익을 경험했다고 응답했다. 재무적 이익을 경험했다는 기업들의 이익 증가율을 살펴보면 작게는 15%에서 많게는 59%나 된다. 평균 증가율은 37%다. 안전 투자로 얻은 재무적 이익이 평균 37%로 증가했다는 것이다.

안전 투자로 인한 운영상의 이익은 얼마나 될까? 적게는 12%, 많게는 61%다. 평균 증가율은 38%다. LNS 리서치 연구 결과는 '안전에 대한 투자는 기업의 생산성 향상과 재무적 이익에 도움이 된다' 것을 입증하는 결과다.

안전 투자가 생산성과 재무적 이익에 기여하는 비율

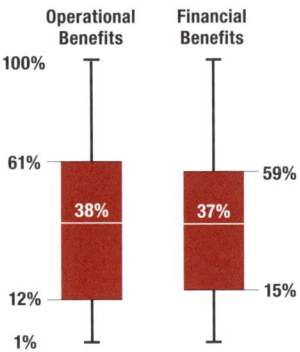

참고자료 : LNS Research, Safety and Risk Management(2017)

안전 투자가 생산과 재무적 이익에 기여하는 시점

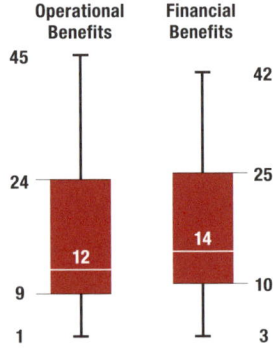

참고자료 : LNS Research, Safety and Risk Management(2017)

그럼 안전에 대한 투자가 이익으로 돌아오는 시기는 언제일까? LNS 리서치 연구 결과에 따르면 안전에 대한 투자가 운영상의 이익 Operational benefits으로 돌아오는데 평균 12개월이 걸리고9~45개월, 재무적 이익 Financial benefits으로 돌아오는데 평균 14개월10~42개월이 걸린다. 즉, 안전에 대한 투자 효과는 당장 발생하는 것이 아니라 얼마간의 기다림이 필요하다는 것이다.

안전에 대한 투자와 재무적 성과에 대한 또 다른 연구사례는 1990년에 영국산업연합CBI, Confederation of British Industry이 영국 소재의 기업들을 대상으로 한 연구다. 당시 CBI는 사고가 발생하면 사고당 절대 회복할 수 없는 비용이 최소 1,500파운드한화 285만 원라고 발표했다. 안전문화 조성을 통해 사고를 100건 줄인다고 가정하면 2.85억 원의 재무적 손실을 줄일 수 있다.

행동관리로 유명한 도미닉 쿠퍼는 영국에서 셀로판을 제조하는 한 공장을 대상으로 16주 동안 안전 컨설팅을 진행했고, 이를 통해 사고를 약 50%63/118건 줄여 직접비용치료비, 임금배상, 손해보상비 등을 200,000파운드나 절감했다. 아이스버그 이론에 따르면 간접비용가동 중지로 인한 손실, 대체 인력 및 초과근무 수당, 소송비, 대외 이미지 손상에 따른 회복비이 직접비용의 최소 5배에서 최대 50배에 이른다고 하니 도미닉 쿠퍼가 기업의 재무적 이익에 기여한 총금액직접비용+간접비용은 최소 22.2억 원에서 최대188.7억 원에 이를 것으로 예상된다.

● **사고로 인해 예상되는 손실**

- 공정 또는 설비 가동 중단으로 발생하는 손실
- 가동을 위한 설비 수리보수에 들어가는 비용
- 대체 인력에 들어가는 비용
- 초과 근무 수당
- 치료비 및 보상에 들어가는 비용
- 보험료 증가
- 변호사 선임 등 소송비용
- 사기 저하로 인한 생산성 저하
- 기업 신뢰도 저하
- 신뢰도 회복에 들어가는 영업 및 마케팅 비용

이외에도 안전문화 도입에 따른 사고 감소, 생산성 향상과 재무적 이익 기여 사례가 HSE Health and Safety Executive, EHS Today, ASSP American Society of Safety Professionals, IJOSH International Journal of Occupational Safety and Health, SHW Safety and Health at Work, WHS Workplace Health & Safety 등에서 콘퍼런스와 학술지를 통해 발표되고 있다.

03

이상적인 안전문화 실현을 위한 준비
Safety Culture

   앞서 안전문화를 '일상적으로 일하는 방식'이라고 정의했다. 이는 심리적 상태의식, 상황시스템이 행동에 영향을 미친다는 것을 의미한다.
   예를 들어 안전에 대한 개인과 조직의 인식이 낮으면 일하는 과정에서 불안전한 행동으로 나타나고, 복잡한 업무 프로세스는 일하는 과정에서 어떤 절차를 누락하거나 생략하는 행동으로 나타날 수 있다는 것이다. 이러한 문제는 하인리히를 비롯해 웨버, 애덤스도 지적한 바 있다. 웨버는 구성원의 인식과 태도안전 최우선를 지적했고, 애덤스는 시스템의 수준규정 준수 등을 지적하면서 리더의 책임과 역할이 중요하다고 주장했다. 이들의 관점에서 볼 때, 기업을 지배하는 안전문화는 결국 안전에 대한 구성원들의 의식과 행동, 안전 목표 달성을 위한 시스템, 그리고 리더의 안전리더십에 달려있다.

•• 안전의식, 안전 분위기다

안전 전문가들은 안전의식 형성에 있어 개인의 인식, 태도, 가치, 신념 그리고 규범이 중요하다고 강조한다. 그런데 정말 중요한 것은 개인보다 기업 전반에 형성되어 있는 안전에 대한 인식과 태도, 가치 즉, '안전 분위기 Safety Climate'다. 개인이 아무리 안전을 중요하게 여겨도 조직 전반에 흐르는 안전 분위기가 나쁘면, 안전문화 형성에 아무런 영향도 미치지 못하기 때문이다.

필자가 안전문화 컨설팅을 수행하면서 진행한 구성원들과의 인터뷰와 설문조사를 그 근거로 제시하고자 한다. 먼저 안전에 대한 필요

안전의 필요성과 중요성에 대한 인식

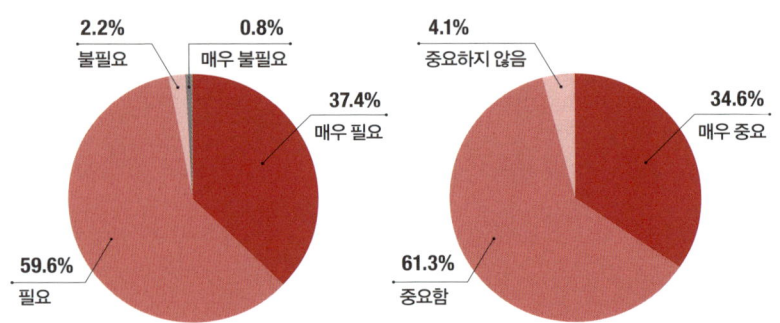

2018~2024년 기업 근로자 대상 설문조사 결과

성과 중요성 관련 질문에 대한 응답 결과다. 그래프를 보면 '안전이 필요하다'고 응답한 비율은 97.0%, '안전이 중요하다'고 응답한 비율은 95.9%다. 100명 중 95명 이상이 안전은 필요하고 중요하다는 것을 인지하고 있다.

이어서 '안전한 행동을 해야 하는 이유는 무엇인가?'라는 질문에는 '나를 지키기 위해'가 90.1%, '가족을 지키기 위해' 7.1%, '동료를 지키기 위해' 2.0%, '회사에서 강요해서'가 0.8%로 나타났다. 100명 중 99명이 자신을 비롯해 누군가를 지키기 위해서라도 안전한 행동을 해야 한다고 응답했다.

안전한 행동을 해야 하는 이유

- 90.1% 나를 지키기 위해
- 7.1% 가족을 지키기 위해
- 2.0% 동료를 지키기 위해
- 0.8% 회사에서 강요해서

2018~2024년 기업 근로자 대상 설문조사 결과

회사의 강요에 의해 안전한 행동을 해야 한다고 응답한 사람은 거의 없었다. 이러한 결과를 볼 때, 개인의 안전의식이 낮다고 할 수 없다.

그러나 개인의 높은 안전의식에도 불구하고, 사고조사 보고서를 분석해보면 '부주의', '불감증' 등 근로자의 안전의식을 지적하지 않는 보고서가 없다.

왜 이런 일이 생기는 것일까? 솔로몬 애시의 동조conformity 현상 때문이다. 동조는 집단의 압력이 개인의 의식과 태도, 심지어 행동에도 영향을 미친다.

카네기멜론대학의 드니즈 루소 교수는 안전에 대한 '개인의 의식'과 '조직의 분위기'의 차이를 밝히기 위해 개인보호구PPE, Personal Protective Equipment인 안전모 착용과 관련한 실험을 진행했다.

그는 실험 결과에 대해 '개인이 머리를 다치지 않기 위해 안전모를 착용한다면, 조직의 분위기는 작업하는 모든 직원의 안전모 착용이 관행이 된 상태'라고 설명했다. 하지만 개인에 의해 조직의 문화가 형성되긴 어렵다고 주장했다.

다시 말해 조직원 모두가 안전모를 쓰지 않는 분위기에선 안전모를 쓰던 개인도 안전모를 쓰지 않게 된다는 것이다. 이는 솔로몬 애시의 동조현상과 정확히 일치한다.

결국 건전하고, 건강한 안전문화이상적인 안전문화를 조성하기 위해서는 개인의 안전의식을 높이는 것보다 안전에 대한 조직의 분위기를 형성하는 게 훨씬 더 중요한 셈이다. 기업이 안전한 분위기 형성에 지금보다 더 큰 노력을 기울이고 자원을 투입해야 하는 이유다.

•• 안전시스템, 작동성이다

　안전시스템이 조직 구성원의 행동에 영향을 미친다고 처음으로 언급한 학자는 웨버다. 이후 애덤스, 리즌이 이어받았다. 이들의 연구를 바탕으로 만들어진 안전관리시스템이 영국의 'SMS_{Safety Management System}'다. SMS는 근로자의 건강과 안전을 위협하는 각종 유해요인과 위험요인을 제어할 수 있도록 설계된 체계적인 통합 메커니즘이다. SMS의 기본 원리는 품질관리시스템_{TQM, Total Quality Management}과 매우 유사한데, SMS의 토대가 TQM이기 때문이다. 따라서 SMS도 목표 달성을 위해 필요한 내적 일관성과 조화를 유지할 수 있는 정책, 전략과 절차를 중심으로 하는 통합, 조직과 구성원을 응집할 수 있는 메커니즘이 필요하다. 다시 말해 안전활동에 대한 관리체계, 조직간 원활한 협력을 이끌 커뮤니케이션체계, 안전관리 역량 강화를 위한 교육체계 구축이 필요한 것이다.

1 | 관리시스템

　기업은 생산, 품질, 영업, 마케팅 등 다양한 분야를 체계적으로 관리한다. 목표 달성을 위한 조직과 인력을 두고, 과정지표와 결과지표로 모니터링하고 평가한다. 안전도 마찬가지여야 한다. 하지만 기업의 안전관리는 생산과 품질 등 다른 분야에 비해 미흡하고, 제대로 작동되지 못하는 경우가 많다. 실제 기업에서 발생한 사고들을 분석해보면 안전관리의 실패로 인해 발생한 사고가 꽤 많은 것을 확인할 수 있다. 따라서 안전도 생산과 품질 등 다른 분야처럼 조직별로 목표를 부여하고, 안전활동에 대해 모니터링하고 평가하며, 정기적으로 피드백할 수 있는 체계적인 관리시스템이 필요하다. 그래야 안전활동과 안전성과 간의 차이가 발생했을 때, 이를 즉시 인식해 신속하게 대처하고 조치할 수 있기 때문이다.

❶ 기업의 핵심 가치 '안전'

기업의 핵심 가치는 업무를 수행하는 모든 구성원의 생각과 활동에 영향을 미친다. 만약 기업이 '혁신$_{Innovation}$'이라는 가치를 설정했다면, 구성원들도 혁신을 기반으로 생각하고 활동하게 된다. 혁신이라는 가치가 워크 에센스로 작동하는 것이다. 기업이 안전을 관리하기 위해서는 생산과 품질처럼 안전을 핵심 가치로 선정해 대내외적으로 선포해야 한다. 그래야 모든 구성원이 주어진 업무를 수행하면서 안전을 중점으로 활동하고, 마침내 안전이라는 결과들을 만들어 낼 것이다.

> "안전은 기업의 최우선 가치입니다. 우리가 수행하는 모든 업무와 활동에 있어 안전보다 우선한 것은 없습니다."

❷ 지원조직과 활동조직 그리고 KPI

　기업은 생산과 품질관리를 위해 지원조직과 생산조직으로 나눈다. 그리고 두 조직 간에 유기적인 협조가 이뤄질 수 있도록 책임과 역할을 명확히 구분하고, 조직 간에 지원과 협력으로 달성할 수 있는 핵심성과지표$_{KPI}$를 부여한다. 안전도 이와 같아야 한다. 안전을 지원하는 조직, 안전을 확보하는 조직으로 나눠 관리하는 것이 필요하나, 기업들은 안전조직에 지원과 활동을 모두 맡기는 경우가 많다.

　하지만 사고는 생산현장에서 발생한다. 시간과 장소를 가리지 않고 발생할 수 있는 게 사고다. 서너 명으로 구성된 안전조직만으로는 기업의 모든 생산현장을 커버할 수 없다.

❸ 활동 및 성과 모니터링

　TQM은 대부분의 공정과 생산활동을 통계로 처리하고, 실시간으로 모니터링한다. 'SPC$_{Statistical\ Process\ Control}$'와 'JIT$_{Just\ In\ Time}$'가 대표적인 시스템이다. SPC와 JIT를 통해 품질과 생산 그리고 재고관리를 실시간 모니터링하면서 생산성과 품질을 최고 수준에서 유지·관리하고 있다.

　하지만 안전과 관련해서는 활동과 성과에 대한 통계화가 부족하고, 실시간 모니터링이 가능한 시스템이 구축된 경우도 드물다. 사고를 예방하기 위해 안전관리가 더욱 필요한데, 이를 위해서는 현장에서 안전활동이 얼마나 잘 이뤄지고 있는지, 현장에는 어떤 위험들이 존재하는지를 우선 파악해야 한다. 또한 근로자가 얼마나 안전 규정과 절차를 잘 준수하고 있는지, 사고율과 보상비용, 근무손실 등 안전성과지표가 어떻게 변화하고 있는지 수시로 모니터링해야 한다. 즉 안전 분야에서도 사고 예방을 위한 활동은 물론, 사고 예방의 성과를 실시간으로 확인하고, 피드백할 수 있는 모니터링체계가 필요하다.

2 | 커뮤니케이션체계

　기업은 지원조직과 생산조직, 생산조직과 협력업체 그리고 지원조직과 협력업체 간 체계적인 커뮤니케이션체계를 구축해 운영하면서 생산과 품질을 관리한다. 예를 들어 부품 공급업체로부터 부품을 제공받으면 유지관리부서는 부품의 상태를 점검해 이상 여부를 확인하고, 그 정보를 생산부서와 공급업체에 전달한다. 유지관리부서가 정보의 주체가 되는 것이다. 생산부서는 유지관리부서로부터 받은 부품을 활용해 제품을 생산한다. 생산 도중 하자가 발생하거나, 문제를 발견하게 되면 유지관리부서와 공급업체에 그 정보를 제공한다. 이제 정보의 주체는 생산부서다. 이처럼 조직은 정보의 생산과 공유를 통해 전 과정을 체계적으로 관리하고 있다. 안전관리 측면에서도 마찬가지여야 한다. 안전조직과 생산조직 그리고 협력업체의 안전 정보가 유기적으로 오고 갈 수 있어야 한다.

　그러나 안전과 관련한 정보의 경우, 안전조직에서 생산조직과 협력업체로 흐르는 경우가 대부분이다. 그 반대의 경우는 아주 드물다. 따라서 안전문화 조성을 위해서는 안전활동 및 성과에 대한 정보가 안전조직, 생산조직 그리고 협력업체 간에 유기적으로 공유될 수 있는 양방향 커뮤니케이션체계를 구축해야 한다.

3 | 교육체계

기업은 생산과 품질관리를 위해 인력의 전문성 함양에 힘쏟다. 개인의 역량이 조직의 역량이 되어 생산성을 높이고, 품질을 향상시키기 때문이다. '아는 만큼 안전하다', '리더의 안전수준이 회사의 안전수준을 결정한다'는 말이 있다.

안전도 마찬가지다. 안전관리 역량을 강화하고, 개발할 수 있는 교육체계 구축이 필요한 이유다. 여기서 안전관리 역량이란, 안전에 대한 전문성만을 말하는 게 아니다. 안전은 관리 대상이 근로자의 행동이다.

따라서 인간의 심리와 행동을 이해하는 역량이 매우 중요하다. 실제로 많은 기업이 안전교육체계를 수립해 운영하고 있다. 하지만 법정교육에 국한된 경우가 많고, 법정교육만으로 인간의 심리와 행동을 이해하기란 어렵다. 이에 개인과 조직의 심리, 행동을 이해하고, 기업이 요구하는 안전 마인드를 형성할 수 있는 안전문화 관점의 교육체계가 필요하다.

•• 안전행동, 자발성이다

　1919년 영국 정부의 요청에 따라 사고의 원인을 처음으로 조사한 IFRB 소속의 그린우드와 우드, 하인리히 법칙의 주인공 하인리히, 애덤스와 리즌 그리고 오늘날의 안전 전문가들은 대부분 사고가 불안전한 행동에 의해 발생한다는 사실을 알고 있다. 사고를 예방하고 줄이는 가장 효과적인 방법이 불안전한 행동의 관리라는 것 또한 안다. 그러나 불안전한 행동을 제대로 관리하지 못하고 있는 것이 현실이다. 이는 기존의 접근방식홍보, 캠페인, 징계, 안전펜스, 잠금장치 설치 등만으로는 한계가 있다는 증거다. 더 효율적이고, 효과적인 접근방식이 필요하다.

1 | 동기부여 전략 수립

　공사장에서 벽돌을 쌓으며 건물을 짓고 있는 3명의 벽돌공을 보고 지나가던 한 남성이 질문을 던졌다. "당신은 지금 무엇을 하고 있습니까?" 남자의 질문에 첫 번째 벽돌공은 잔뜩 짜증이 난 모습으로 "보다시피 벽돌을 쌓고 있습니다"라고 말한다. 두 번째 벽돌공은 삶에 찌든 모습으로 "벽돌을 쌓아 벽을 만들고 있습니다"라고 말한다.

　마지막 세 번째 벽돌공은 환한 미소로 "저는 지금 아름다운 성당을 짓는 중입니다. 이 성당이 지어지고 나면 많은 분들이 이곳을 찾아 건강과 성공, 사랑과 행복 등 바라는 것을 위해 간절히 기도하겠죠"라고 자랑스럽게 말한다. 이는 '3명의 벽돌공 이야기A story of three Bricks Layers'다. 아무리 하찮은 일도 의미를 두면 즐겁고, 누가 시켜서 하는 것이 아니라 자발적으로 하게 된다는 내적동기의 중요성에 대한 교훈이 담겼다. 무슨 일이든 내적동기가 그만큼 중요하다는 것이다.

로체스터 대학의 에드워드 데시와 리처드 라이언은 보상에 움직이는 외적동기보다, 스스로 의미를 찾고 즐거움을 느끼는 내적동기가 행동을 결정하고, 지속하는데 있어 훨씬 큰 힘을 발휘한다는 '자기 결정성 이론SDT, Self Determination Theory을 주장했다. 이 주장을 대변하는 대표적인 예가 바로 3명의 벽돌공 이야기다.

안전도 마찬가지다. 많은 기업이 사고 없는 기업을 만들기 위해 3진 아웃제와 같은 페널티제도나 포상금 지급 등 금전적 보상제도를 마련해 운영하고 있다. 하지만 자발적 참여와 헌신을 이끌어낼 수 있는 내적동기에 대한 제도는 미흡한 편이다. 안전행동을 위한 기업의 동기부여 전략을 검토하고, 다시 설계해야 한다.

2 | 행동중심 안전관리 도입과 운영

안전 전문가들은 불안전한 행동을 줄여야 사고를 줄일 수 있다고 말한다. 행동관리가 필요하다는 것이다. 그러나 행동에 집중하기보다는 '불안전한 행동을 어떻게 하면 사전에 차단할 수 있을까?'라며 행동 차단 대책을 찾는데 열을 올리는 경우가 많다. 기존의 설비와 장비를 바꾸고, 안전펜스 및 레이저 커튼 등을 설치하며, 잠금장치로 근로자의 접근을 막으려고만 하는 것이다. 물론 이러한 대책들이 효과가 없는 것은 아니다. 하지만 문제는 인간의 능력을 너무 과소평가한다는 것이다. 인간은 언제든지 설치한 안전펜스를 넘을 수 있고, 잠금장치를 풀 수도 있다. 이는 긴급한 상황에 직면하게 되면 훨씬 더 커지고, 무모해지는 경향이 있는데, 실제 산업현장에서 발생한 사망사고들을 분석해 보면 근로자가 안전펜스를 넘거나, 잠금장치를 풀고 설비에 끼인 물건을 빼내려다 발생한 사고들이 적지 않다. 아무리 좋은 대책이라 할지라도 사람의 행동을 관리하지 않으면 사고의 위험은 줄어들지 않는다.

•• 안전리더십, 참여와 헌신이다

안전문화를 조성하는데 있어 리더의 역할이 매우 중요하다는 주장과 근거들이 각종 연구와 컨설팅 사례에서 드러나고 있다. 미국산업안전보건연구소NIOSH, National Institute for Occupational Safety and Health가 2013년 미국의 건설산업을 주도하는 기업들을 대상으로 한 설문조사에서 안전문화에 기여하는 12개 요인 중, 리더에 대한 요인이 가장 중요하다는 연구 결과를 발표했다_{참여와 헌신(22.6%), 안전리더십(18.6%)}. 안전문화 수준이 높다고 평가받는 기업들의 공통점으로는 안전리더십 강화에 힘쓴다는 점을 꼽았다. 리더의 안전리더십이 결국 핵심 열쇠다.

그러나 안타깝게도 국내 기업들의 경우 안전문화 조성에 있어 리더의 참여와 헌신이 다소 부족하고, 안전리더십 강화를 위한 노력도 미흡한 편이다. 필자의 경험에 따르면 기업의 리더들이 법에서 요구하는 최소한의 사항 충족에만 관심이 있는 경우가 많았다. 이는 리더가 비용 절감, 품질 제고, 생산성 극대화와 같은 경쟁적 목표에 더 관심과 주의를 기울여서 발생한 문제다. '안전 최우선'이라는 말을 앞세우지만, 행동은 그렇지 않은 모습을 보여 오히려 혼란을 일으키는 리더들이 적지 않았다. 거대한 열차를 움직이는 것이 엔진이듯 안전문화의 엔진은 리더다. 최상위 리더부터 현장의 리더까지 적극적인 참여와 헌신 그리고 안전리더십 강화로 엔진을 켜 안전문화라는 열차를 움직이길 바란다.

안전문화의 엔진을 켜다

PART 2

SAFETY LEADERSHIP

Safety Leadership

01

안전리더십
Safety Leadership

   리더는 구성원이 안전 문제를 어떻게 봐야 하고, 어떻게 행동해야 하는지를 결정하는 사람이다. 안전문화를 조성하고 발전시키는 추진 동력 '엔진'이라 할 수 있다. 하지만 안타깝게도 리더는 안전을 단순히 규정과 원칙을 지키는 의무로 보거나, 지루하고 매력 없는 경영 요인으로 간주하는 경향이 있다. 또 안전은 리더가 성과를 만들 때 제동을 거는 브레이크 같은 것이라고 여기기도 한다.

   이러한 이유로 안전은 최상위 리더_{경영진}에서 하위 리더_{부서장, 현장관리자}로 위임되는 경우가 많다. 그 결과 최상위 리더는 안전관리에 덜 관심을 가지게 되고, 덜 관여하게 된다. 이는 안전에 대한 리더의 책임 회피라고 할 수 있다. 최상위 리더의 책임 회피는 중간 리더의 책임 회피로 이어지고, 결국 하위 리더로까지 이어진다.

최상위 리더도 하지 않는 안전관리를 "내가 왜 해야 하는지", 안전관리를 위해 "나는 무엇을 해야 하는지", "나는 어떻게 해야 하는지" 생각하지 않는 것은 너무나 당연한 일이다. 리더의 책임 회피는 기업 전반에 걸쳐 안전관리를 더욱 소홀하게 만들고, 사고의 위험성을 더욱 증가시키는 악순환의 늪에 빠지게 만든다.

•• 안전리더십이란 무엇인가?

안전리더십에 대한 연구는 꽤 오랜 기간 동안 지속되어 왔다. 수많은 연구자들에 의해 다양하게 정의되기도 했다. '안전리더십은 이것이다'고 한마디로 정의하기 어려운 이유가 여기에 있다.

그럼에도 불구하고 연구자들이 공통적으로 언급하는 것이 있다. 안전리더십이 안전문화를 조성하고, 사고 없는 안전한 일터를 만드는데 있어 핵심적인 요인이라는 것이다.

어떤 리더는 순전히 개인적인 힘으로, 어떤 리더는 조직에서 부여한 지위와 권한이라는 강력한 힘으로 구성원이 수행하는 일에 직간접적으로 영향을 미친다. 어떤 리더가 되었던 특정 목표_{안전문화 및 안전한 일터}를 달성하기 위해 발휘하는 리더십은 길을 걷다 만나는 신호등이다.

빨간불이 들어오면 멈추고, 초록불이 들어오면 다시 움직이는 것처럼 구성원의 행동에 영향을 미친다. 이런 의미에서 리더의 안전리더십은 구성원의 행동 신호등이다.

구성원들의 행동 신호등 'Safety Leadership'

리더의 안전리더십 = 신호등

하지마라! 멈춰라! 해도 좋다! 더 적극적으로 하라!

구성원에게 행동 기준이 되고, 심리적 안정감을 준다

리더는 목표를 설정하고, 무엇을 해야 할 지 결정하며, 결정된 일을 구성원이 수행하도록 만들어야 한다. 그리고 말보다 행동을 우선해야 한다. 조직문화가 '일하는 방식'이라는 점을 감안한다면 리더의 안전리더십은 너무나 중요하다. 정리하자면 안전문화 조성을 위한 리더의 안전리더십이란, 구성원이 업무를 수행하는 모든 과정에서 안전하게 행동하도록 만드는 것이다.

대부분의 리더는 변화에 동참하라고 강요한다. 하지만 우수한 리더는 비전과 함께 자원을 제공하며 솔선수범한다. 그렇지 않으면 행동으로 나타나지 않는다는 것을 너무나 잘 알기 때문이다.

안전문화를 조성하기 위한 리더의 전략적인 안전리더십은 생산과 품질 그리고 영업과 서비스 등 기업을 경영하는 운영 영역의 요소와 크게 다르지 않다. 하지만 안전에 있어 그 어떤 영역의 리더십보다 중요한 것은 '배려'와 '통제'이다. 배려는 편안함Comfort, 도움Assist, 관계Relationship, 소통Communication의 형태로 나타나고, 통제는 규정과 절차 유지Maintaining standards, 책임과 역할Roles & Responsibilities, 보상과 징계Assessment의 형태로 나타난다. 리더의 전략적인 안전리더십은 배려와 통제가 균형을 이루는 리더십이다. 그런데 어느 한쪽으로 치우치게 되면 목적한 바와 전혀 다른 반응이 구성원들에게서 나타날 수 있다.

먼저, 통제보다 배려가 지나치게 많은 리더는 구성원들의 호감을 얻지 못할까 걱정하고, 불안해하는 경향이 있다. 호감을 얻기 위해 구성원의 일을 돕는다며 일을 떠맡게 되는 경우도 종종 생긴다. 이런 리더 밑에 있는 구성원은 리더를 쉽게 여기게 되고, 리더의 영향력은 증가하기보다 오히려 줄어들게 된다. 리더가 안전과 관련된 문제를 발견하고 해결하려고 할 때, 구성원이 만드는 바람에 쉽게 휘어지고, 누구에게나 불편한 상황을 만들기 싫어 완전히 다른 견해임에도 동의하는 웃지 못할 일들이 벌어지기도 한다. 이런 일이 빈번하게 발생하면 리더의 권위는 무너진다. 무너진 권위는 리더에 대한 불신으로 이어질 수밖에 없다. 방치된 위험으로 누군가가 다치거나 불구가 되고, 사망에 이를 수 있는 위험한 행동들이 관행으로 자리 잡는 부정적인 분위기가 조성되는 것이다.

반면, 배려보다 통제가 지나치게 강한 리더는 조직생활에서 구성원들과 적대적인 관계를 만드는 경향이 있다. 이러한 리더는 구성원과의 갈등이 왜 생기는지 이해하지 못한다. 그렇게 시간이 갈수록 갈등의 골은 점점 더 깊어진다. 리더는 구성원에게 '무엇을 해야 하는지 계속 지시해야 한다'는 사실에 좌절하게 되고, 구성원은 '무엇을 계속하라'고 지시만 하는 리더를 원망하는 악순환에 빠지는 것이다. 그 결과 리더는 점점 조직에서 소외되어 간다. 구성원들로부터 소외된 리더는 조직이 가진 안전과 관련된 문제나 다른 문제에 있어 구성원의 관심과 행동을 이끌어내지 못한다는 사실을 뒤늦게 깨닫게 된다.

인간은 극단적인 통제를 받으면 자신을 곤경에 빠트리지 않으려는 심리를 가지고 있다. 곤경에 처하지 않으려는 노력은 너무나 자연스러운 반응이다. 안전과 관련하여 과도한 통제는 규율이나 제재에 대한 두려움으로 억제되었던 행동을 표출하게 만든다. 표출되는 행동 중 일부는 위험한 행위로 나타나 누군가가 다치기도, 불구자가 되기도 하며 심지어 사망에 이르게 될 수도 있다.

안전문화를 조성하는데 있어 가장 긍정적인 영향력을 발휘하는 리더들의 공통점은 배려심이 넘치면서도 통제력이 뛰어나다는 것이다. 그들은 배려와 통제가 독립적인 것이 아니라 상호 보완하는 것이라는 강한 믿음을 가지고 있다. 그들은 특정 행동에 있어 구성원의 행동이 높은 수준의 긍정적인 행동으로 나타나게 하고자 적극적으로 설명하고 이해시킨다. 그러한 노력에 힘입어 구성원들은 리더의 결정에 동의하고 변화하기 시작한다. 또한 배려와 통제를 동시에 발휘한 리더들은 구성원들과 함께 탐구하고 협력하기 위해 팀으로 접근하는 특징을 보인다. 그들은 조직의 목표를 달성할 수 있는 경로를 제시하고, 목표 달성에 필요한 자원을 아낌없이 제공한다. 구성원들은 리더가 제시한 경로를 거리낌 없이 걸으며 서로를 돕고, 목표 달성에 방해하는 장애물들을 스스로 제거해 간다. 구성원들 또한 리더와 마찬가지로 배려와 통제를 실천해 가는 것이다.

배려와 통제를 균형 있게 발휘하는 리더는 구성원들의 마음을 얻는 전략을 개발하고 변화에 대한 열정을 보여 준다. 중요한 것은 배려와 통제의 균형을 통해 단순히 더 안전한 작업 환경을 만드는 것이 아니라 우리가 하는 일이 더 생산적이고, 더 효율적이라는 인식을 구성원들에게 심어준다는 것이다.

∙∙ **전략적 안전리더십**

사고 없는 안전한 일터, 건전하고 건강한 안전문화를 조성하는 과정은 두 가지 이유로 힘들고 어렵다. 하나는 사회, 경제, 정치, 기술 분야에서 발생하는 불확실성 때문이다. 다른 하나는 문화가 가진 특성 때문이다. 문화는 살아있는 생명체와 같다. 잠시도 가만히 있지 않고 수시로 변한다. 단순히 법적 요구사항을 충족시키는 안전방침이나 안전정책은 오히려 안전문화 조성과 발전을 저해하는 요소가 될 수 있다.

그렇다면 어떻게 해야 할까? 그 답은 명확하다. 안전문화 조성과 발전을 방해하는 요소를 리스크로 간주하여 배려와 통제라는 전략적 안전리더십으로 관리하는 것이다.

필자가 수년간 기업의 안전문화 조성을 위해 수행한 컨설팅 경험에 따르면 리스크는 크게 4가지로 나눌 수 있다. '목표와 전략의 구체성 결여에서 발생하는 리스크', '개인 또는 집단의 감정개입으로 인한 의사결정 리스크', '오해와 왜곡을 야기하는 커뮤니케이션 리스크', '변화에 대한 거부 반응이 표출되는 저항 리스크'다.

안전문화 조성을 방해하는 4가지 리스크

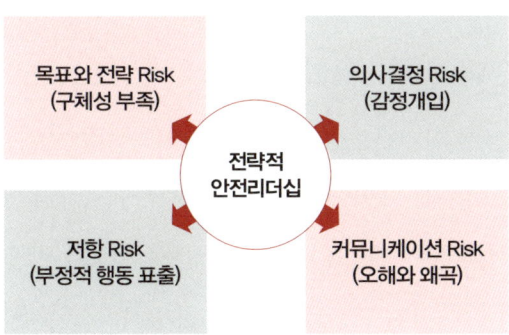

02

전략적 안전리더십 I
목표와 전략 리스크 관리
Safety Leadership

많은 기업들이 지향하는 안전문화는 '상호의존적 단계'의 문화이다 Bradley Curve Model. 상호의존적 단계의 문화는 모든 임직원들이 자신과 동료의 안전을 챙기고, 일상적인 업무 속에서 안전행동이 자연스럽게 스며든, 즉 워크 에센스로 표출되는 단계의 문화다. 이를 위해서는 실현하고자 하는 목표가 매우 구체적이어야 한다. 그럼 어떻게 하면 목표와 전략을 구체화할 수 있을까? 바로 다음과 같은 질문이 필요하다 리더는 구체화를 위한 질문에 시간과 노력을 아끼지 말아야 한다. '왜 해야 하는가?Why,' '무엇을 해야 하는가?What,' '어떻게 해야 하는가?How,' '언제까지 해야 하는가?When' 등 육하원칙의 질문 말이다. 육하원칙의 질문? 그것만 있으면 되는 거야?라며 의구심을 가질 수도 있겠지만, 육하원칙의 질문은 목표와 전략을 구체화하고 체계적으로 관리하는데 매우 유용한 툴Tool이다.

•• 안전문화, 이유 만들기

목표와 전략 리스크_{구체성 부족} 관리를 위해 가장 먼저 필요한 질문은 '왜 우리가 안전문화를 조성하고 발전시켜가야 하는가?'이다. 이 질문은 리더를 비롯해 전임직원들의 모든 관심과 노력을 목표에 집중하게 만든다.

많은 기업들이 법적 요구 사항을 준수하도록 조직을 설계하고 안전시스템을 구축했다. 그저 구축 그 자체가 목적이었을 뿐이지만 사고 없는 일터, 건전하고 건강한 안전문화를 왜 만들어야 하는지 제대로 고민해서 조직을 설계하고, 안전시스템을 구축한 기업은 많지 않다.

안전을 위해 기업이 관리하는 지표 중 하나는 LTA_{Loss Time Accident} 또는 LWD_{Loss Work Day}다. 기업은 LTA 또는 LWD가 업계 평균 또는 현재의 수준보다 낮아지기를 바란다. 그리고 이를 위해 엄청난 시간과 자원을 쏟아 붓는다. 이러한 기업들의 노력에도 불구하고 LTA 또는 LWD는 요지부동이다. 게다가 직원들은 서로를 배려하거나 안전을 챙기지 않는다. 이런 상황에서 안전문화를 조성하기 위해 더 많은 시간과 자원 투입을 기대하기란 어렵다.

결국 기업은 사고통계 관리에만 점점 더 힘쓰게 되는 부정적인 결과만 낳는다. 안전시스템 구축 시 법에서 요구하는 사항을 충족시키고,

LTA 또는 LWD 관리를 통해 사고를 예방하는 것도 중요하다. 하지만 더 중요한 것은 직원, 협력사 등 기업의 모든 이해관계자가 안전에 관심을 가지고 역동적으로 움직이는 건전하고 건강한 안전문화를 조성하는 것이다. 안전문화는 단순히 사고를 예방하고 법적 요구를 충족시키는 것이 아니라 그 이상의 것이다. 조직이 추구해야 하는 상위의 가치Safety가 조직 전반으로 스며들어 안전행동으로 표출될 수 있도록 만들어야 한다.

따라서 리더는 '왜 우리가 건전하고 건강한 안전문화를 조성하고 발전시켜야 하는가?'라는 질문을 통해 안전문화를 조성해야만 하는 이유를 명확하게 정립할 필요가 있다.

•• 안전문화 여정의 나침반 만들기

안전문화의 목표와 전략을 구체화하고, 그 문화를 실현해야만 하는 이유가 명확해졌다면, 다음으로 필요한 것은 "어떻게 만들어 갈 것인가?"라는 질문이다. 이 질문에 대한 답은 앞으로 만들어갈 안전문화 여정의 나침반이 되기 때문이다. 안전문화는 눈에 보이지 않는다. 하지만 가야 할 길이다. 보이지 않는 길을 걸어갈 때 나침반은 길을 잃지 않게 만들고 목표를 향해 똑바로 나아가게 만든다.

　모든 구성원들이 같은 방향을 보고, 같은 길을 걸을 수 있도록 구체화하는 것은 쉽지 않다. 그리고 모든 구성원들이 일사불란—絲不亂하게 움직이게 하는 것도 어렵다. 하지만 안전문화를 실현하기 위해서는 리더가 반드시 사전에 만들어야 하는 나침반이다. 안전문화 조성을 위해 리더가 반드시 만들어야 하는 나침반은 다음과 같다.

리더가 만들어야 할 5가지 나침반

- 기능 간소화와 조직 통합
- 모니터링과 피드백 체계 구축
- 안전의식 및 안전문화 진단 계획 수립
- 보상 및 페널티 제도 재설계
- 의도를 행동으로 전환하는 실행계획 수립

나침반 1　기능 간소화와 조직 통합

　안전문화 조성을 위해 리더가 만들어야 할 첫 번째 안전문화 여정의 나침반은 조직기능을 간소화하고, 조직구조를 통합해 최적화하는 것이다. 사실 많은 기업들이 안전문화 조성에 어려움을 겪는 이유 중 하나는 조직별로 책임과 역할이 명확하지 않아 안전업무 및 안전활동이 비효율적으로 이뤄지기 때문이다.

리더가 만드는 기능의 간소화와 조직 통합은 구성원들에게 '회사가 안전을 위해 전념하고 있다'는 긍정적인 신호를 보내게 된다. 기능 간 소화와 조직 통합은 다양한 갈등을 야기할 수 있다. 하지만 안전문화 실현을 위해선 리더의 과감한 결단이 필요하다.

나침반 2 모니터링과 피드백 체계 구축

리더가 만들어야 하는 안전문화 여정의 두 번째 나침반은 '모니터링 및 피드백 체계 구축'과 '비난하지 않는 기조'를 만드는 것이다.

모니터링과 피드백 체계 구축은 개인 및 조직의 학습, 오류와 에러에 대한 수정 그리고 문제 해결을 더 효율적이고 효과적으로 할 수 있는 방안을 찾을 수 있게 해준다.

비난하지 않는 기조는 구성원들에게 심리적 안정감을 준다. 사실 안전과 관련된 보고는 자신의 치부를 드러내는 것과 같다. 치부는 누구나 숨기고 싶다. 조직과 구성원이 위험요소를 드러내기보다 숨기려고 하는 이유도 여기에 있다. 그러나 위험요소를 숨기려는 행위는 안전한 일터를 만드는데 도움이 되지 않는다. 오히려 우리가 실현하고자 하는 안전문화의 가장 큰 장애물이다. 따라서 위험을 드러내는 것에 대해 절대 비난하지 않는 기조가 조직 전반에 필요하다. 이러한 기조로 인해 심리적 안정감을 가진 구성원들은 목표 실현에 반드시 필요한 유용한 정보위험과 아이디어 등를 거리낌 없이 제공하게 된다. 의사가 환자의 병을 고치기 위해 환자가 숨김없이 밝힐 수 있는 분위기 조성을 위해 노력하듯, 기업의 리더는 개인과 조직의 치부_{위험요인, 아차사고 경험 등}를 드러낼 수 있는 기조를 만들어야 한다.

나침반 3 안전의식 및 안전문화 진단 계획 수립

안전문화는 눈에 보이지 않는다. 그리고 실현하고자 하는 목표는 양$_{Quantity}$적이기 보다 질$_{Quality}$적인 것이다. 질$_{Quality}$을 양$_{Quantity}$으로 전환할 때 비로소 구체성을 가지게 된다. 구체적으로 전환된 양적 개념은 목표 달성을 위해 거쳐 가야할 중간 경유지들을 설정하는 기준이 된다. 등반대가 히말라야를 오를 때 정상 등정을 위한 제1,2,3 베이스캠프를 정하듯이 말이다. 안전문화의 베이스캠프는 안전의식과 안전문화 수준 진단이다. 이를 통해 구성원들이 안전을 의사결정에 있어 얼마나 우선하는지, 안전을 위해 회사가 하는 노력에 대해 어떤 인식과 태도를 가지고 있는지 주기적으로 측정해야 한다. 안전의식과 안전문화 수준 진단을 위한 도구 및 진단 계획이 리더가 만들어야 할 안전문화 여정의 세 번째 나침반이다.

나침반 4 보상 및 페널티 제도 재설계

안전문화 실현을 위해 리더가 만들어야 할 네 번째 나침반은 구성원들이 안전하게 행동할 수 있도록 동기를 부여할 수 있게 보상과 페널티 제도칭찬과 징계를 손보는 것이다. 많은 기업들이 "안전은 의무다"라며 의무 불이행에 대한 징계를 목적으로 페널티 제도를 마련해 운영하고 있다. 하지만 제대로 실행하지 못하는 경우가 많다. 정(情)을 중시 여기는 한국인의 정서 때문이다. 그리고 안전의무를 잘 이행함에도 불구하고 칭찬과 보상이 미흡한 경우도 많다. 칭찬과 보상제도가 충분히 마련되어 있지 않기 때문이다. 그러다 보니 구성원들이 굳이 안전과 관련된 규정과 절차를 지켜가면서 일해야 할 명분을 찾지 못해 안전문화 활동에 참여하지 않고, 무관심한 태도를 보이는 것이 사실이다. 따라서 리더는 보상 및 페널티 제도 재설계라는 나침반을 사전에 만들어야 한다.

나침반 5 의도를 행동으로 전환하는 실행계획 수립

의도를 행동으로 전환하는 실행 계획은 자원 사용과 직결된다. '사람들을 얼마나 참여시킬 것인가?', '참여하는 이들을 지원하기 위해 필요한 기술과 장비는 무엇인가?', '얼마의 자금을 투입할 것인가?' 등 인적·물적 자원 말이다. 자원의 투입 시점과 종결 시점은 기업의 회계에 영향을 받을 수밖에 없다. 따라서 의도를 행동으로 전환하는 실행계획을 세울 때 시간적 한계를 설정하는 것도 중요하다. 이는 자원의 효율적 사용을 위한 노력을 요구할 뿐만 아니라 관리적 측면에서도 유용하기 때문이다.

듀폰은 안전 목표를 실현하는데 3년이라는 시간적 한계를 설정했다. 3년이 지난 후 그 성과를 측정해 보니 목표 실현율이 91.7%목표 60% 감축/실제 55% 감축로 시간적 한계가 없었을 때보다 무려 30%가 개선되었다고 한다. 필자는 안전문화 컨설팅을 수행한 국내 대형장비 제조회사가 안전 목표 실현에 3년이라는 시간적 한계를 설정했을 때 놀라운 변화를 보기도 했다. 전 임직원의 안전문화 활동 참여율 목표를 35%컨설팅 전 8%로 설정했었는데, 무려 23%를 초과 달성한 58%의 참여율을 확인한 것이다. 게다가 안전문화에 대한 전 임직원의 자부심이 3년 전보다 17점100점 만점 기준이나 높아졌다.

어떻게 이런 놀라운 일이 벌어졌을까? 해당 기간 안전문화 향상을 위한 전략이 '얼마나 잘 실행되고 있는지?', '자원은 얼마나 효율적이고 효과적으로 사용하고 있는지?', '참여한 조직과 인력은 어떻게 활동하고 있는지?' 수시로 모니터링하고 평가하며 실행계획을 수시로 조정했기 때문이다.

위 두 사례에서 보듯 의도를 행동으로 전환하기 위한 실행계획은 건전하고 건강한 안전문화를 실현하는데 있어 매우 중요하다. 따라서 의도를 행동으로 전환하는 실행계획 수립은 리더가 만들어야 할 다섯 번째 나침반이다.

리더는 말과 행동에서 항상 모범을 보여야 한다. 말과 행동을 매우 조심하고, 어느 정도의 전문성을 가져 구성원의 롤모델이 되어야 한다. 안전문화의 선두를 달리는 글로벌 기업의 리더들은 영국의 안전보건 평가기관 NEBOSH National Examination Board in Occupational Safety and Health, 안전보건공단의 IOSH Institution of Safety Health 인증 과정을 이수하기도 한다.

한편, 국내를 넘어 글로벌 기업까지 안전문화 조성에 있어 리더가 공통으로 가지고 있는 부정적인 마음이 하나 있다. 그것은 하루라도 빨리 성과를 내야 한다는 강박관념이다. 리더의 강박관념은 안전문화 조성을 위한 단계별 활동의 완결성을 떨어뜨리고, 과정을 경시하게 만든다. 강박관념은 안전문화 조성 과정에서 항상 경계해야 한다.

∙∙ 리더의 안전 신념

기업은 안전문화 조성과 발전을 위해 비전을 세운다. 비전은 전략 방향 제시에 유용하기 때문이다. 하지만 어떻게 달성하고, 어떻게 일해야 하는지 제대로 설명하지 못하는 경우가 많다.

대부분 기업이 안전경영방침으로 '안전'을 맨 앞에 내세운다. 문제는 기업과 리더가 앞세우는 '안전 최우선 Safety First'이 구성원들에겐 단순한 구호에 지나지 않는다는 것이다. '그래 좋아, 그런데 당신의 안전 신념은 무엇이지?', '그렇게 일하면 생산과 품질은 어떡하라는 건데?'라며 오히려 부정적으로 생각할 수도 있다. 이는 리더가 앞으로 어떤 신념으로 안전문화를 만들고, 어떻게 만들어 갈 것인지 그리고 이를 위해 어떻게 일해야 하는지를 제대로 설명하거나 설득시키지 못했기 때문이다.

따라서 리더는 구성원들이 업무를 수행하는 과정에서 어떻게 생각하고 판단해야 하는지의 기준, 즉 워크 에센스가 될 흔들리지 않는 안전 신념을 정립해야 한다.

리더의 안전 신념에 대한 인식

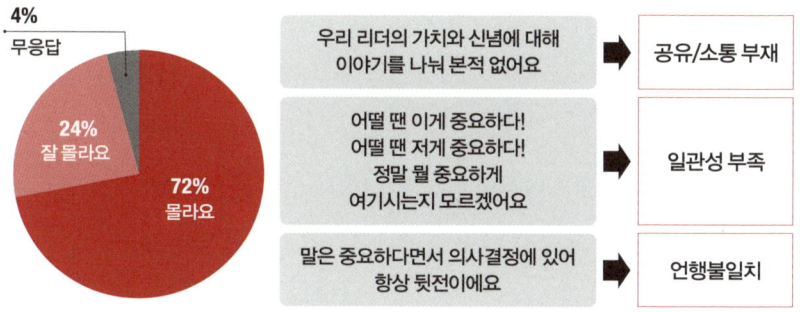

※ 2020~2024년 기업 근로자 대상 인터뷰 결과

건전하고 건강한 안전문화를 실현한다는 것은 리더와 구성원이 안전문화인이 되어 모두가 주인이 되는 사회를 만드는 것이다. 이는 단순히 강요로 만들어 질 수 있는 것이 아니다. 자발적 참여로 만들어지는 것임을 리더는 잊지 말고 정립한 안전 신념에 따라 그 어떤 유혹에도 흔들리지 않고 일관성 있게 전파하고 소통해야 한다.

03

전략적 안전리더십 II
의사결정 리스크 관리
Safety Leadership

목표한 안전문화 실현을 위해 리더가 간과되어서는 안 될 요인이 있다. 그것은 다름 아닌 '인적요인Human Resource'이다. 안전문화를 조성해 가는데 있어 직면하게 될 문제해결과 방안을 수립하는데 의사결정 과정이 필요하고, 의사결정의 핵심 주체가 사람이기 때문이다.

리더는 의사결정 과정에서 엄청난 고민에 빠진다. '내가 하고 있는 이 결정이 구체적이고 현실적인가?', '목적을 달성할 수 있는가?', '구성원들이 이 결정에 동의할 것인가?', '구성원들은 실행할 능력과 준비가 되어 있는가?' 하는 고민 말이다.

리더의 의사결정은 구성원에게 영향력을 발휘한다. 어떤 결정은 참여를 높이고, 어떤 결정은 감소시킨다. 잘못된 의사결정은 오해와 왜곡을 낳아 저항력을 높인다. 잘못된 의사결정이 안전문화를 실현하는데 억제력으로 작동하는 것이다. 따라서 리더는 오해와 왜곡이라는 위험성을 인지하고 상황에 맞게 올바른 의사결정을 내리고 관리해야 한다.

1인 의사결정 리스크 관리

　자동차를 운전하다 보면 가끔 규정 속도를 초과해서 운전을 하고 싶다거나, 유턴이 불가능 한 곳에서 유턴을 하고 싶은 충동에 빠진다. 심지어 충돌을 행동으로 옮기기도 한다. 해선 안 된다는 것을 알고도 말이다. '뭐, 어때! 보는 사람도 없는데', 또는 '아무 일도 일어나지 않았는데 뭐!' 그렇게 잘못된 행위에 대해 스스로 핑계를 만들고 합리적인 이유를 찾기도 한다. 이성적인 의사결정이 감성적 의사결정에 밀린 대표적인 예다. 안전에 있어 리더는 이와 비슷한 의사결정을 내릴 때가 종종 있다. 생산성과 품질이 더 신경 쓰이기 때문이다.

　리더가 불가피하게 혼자서 의사결정을 내려야 한다면 감성이 아닌 이성으로 안전에 있어 실질적인 도움이 되는 결정을 내려야 한다. 이를 위해 개인 의사결정시 주의해야 할 몇 가지 감정적 요인에 대해 자세히 설명하고자 한다.

1 | 과거의 경험

> "두 명의 작업자가 비계를 설치하고 있다. 작업자들은 안전을 위해 한 명의 작업자를 더 요청했다. 리더는 한 명이 더 투입되면 인건비가 더 든다는 이유로 그들의 요구를 들어주지 않았고 어쩔 수 없이 추가인력 없이 작업을 계속했다.
> 그런데 작업하는 장소가 예상했던 것보다 안전성이 떨어져 더 많은 자재가 필요하게 됐다. 자재 부족으로 한 명은 자재를 가지러 가야만 하는 상황이 된 것이다. 안전을 위해서는 자재를 가지러 간 작업자가 오기 전까지 작업을 중단해야 하나, 남은 작업자는 정해진 시간 안에 작업을 마무리 짓기 위해 혼자서 작업을 계속하기로 했다. 그러다 혼자 작업하던 작업자가 비계에서 떨어지고 말았다. 떨어지는 과정에서 가슴뼈가 부러져 폐를 찔렀지만, 그는 동료가 돌아오기만을 기다릴 수밖에 없었다. 안타깝게도 자재를 가지러 간 동료는 한 시간이 지나서야 돌아왔고, 떨어진 작업자는 결국 사망하고 말았다."
>
> _ 비계작업 중 작업자가 사망한 사고사례

위 사례에서 이성적인 사고를 하는 리더는 안전을 위해 그들이 요청한 작업자를 한 명 더 추가해줬을 것이다. 하지만 리더는 그러지 않았다. '뭔 일 있겠어? 그동안 아무 일도 없었는데…'라며 비용 절감을 위해 그들의 요구를 외면했다. 이는 과거 경험이 이성적 논리로 포장되어 내린 잘못된 의사결정에 의한 대표적인 사고사례다.

만약, 리더가 작업자의 요구를 들어줬다면, 작업자 혼자서 일하는 일도 없었을 뿐더러 다쳤더라도 남은 작업자의 신속한 도움으로 골든타임을 놓치는 일은 일어나지 않았을 것이다.

이처럼 안전에 있어 과거 경험에 의한 개인적인 의사결정은 위험하다. 과거의 경험이 이성이란 이름으로 포장되어 감정적 의사결정을 하게 만들 위험이 있기 때문이다.

2 | 우유부단함

"개인보호구PPE가 의무화된 작업장이 있다. 이 작업장에서는 작업자도 관리자도 반드시 개인보호구를 착용해야 한다. 그러나 작업장의 안전을 관리하는 관리자가 개인보호구를 종종 착용하지 않고 작업장에 들어갔다. 관리자는 어느 날 작업자가 개인보호구를 착용하지 않은 것을 목격했고 작업자에게 징계를 내렸다. 문제는 징계 받은 작업자가 관리자를 상위 리더한테 보고한 것이다. 그도 종종 개인보호구를 착용하지 않는다는 사실을 말이다. 보고를 받은 상위 리더는 그 관리자를 처벌해야 할지 아니면 증거가 없어 처벌하지 말아야 할지 판단이 제대로 서지

> 않았다. 그래서 증거가 확보될 때까지 관리자에 대한 처벌을 잠시 보류하기로 했다. 얼마의 시간이 지나 사고가 발생했다. 관리자가 개인보호구를 착용하지 않고 작업장에 들어갔다가 옷에 산성 용액이 묻어 팔에 심각한 화상을 입은 것이다."
>
> _ 개인보호구PPE를 착용하지 않아 화상을 입은 사고사례

만약 상위 리더가 종종 개인보호구를 착용하지 않는 관리자에 대해 보고받았을 때, 그에게 주의를 주거나 징계를 내렸다면 이 사고는 발생하지 않았을 것이다. 주의나 징계 이후의 관리자는 작업장에 들어갈 때 보호구를 착용했을 것이고, 산성 용액이 묻더라도 화상을 입는 일은 일어나지 않았을 것이다. 리더의 우유부단함으로 의사결정을 뒤로 미뤄 발생한 대표적인 재해 사고다.

3 | 성급한 결정

> "2010년 4월 20일 BP사가 운영하는 시추선 딥워터 호라이즌Deepwater Horizon이 시추 준비를 시작했다. 시추 시작 전 마지막 점검 테스트다. 심해 시추공의 안전성을 확보하기 위해서는 시멘트 보강작업에 대한 점검이 꼭 필요했다. 시멘트가 충분히 제 역할을 할 정도로 굳었는지 확인해야하기 때문이다. BP사는 이를

무시하고 가동 전 테스트를 시작했고, 테스트 결과 이상이 없다는 결론이 났다. 문제는 테스트 결과를 알려주는 자동 밸브 장치가 이전에도 여러 차례 말썽을 일으켰기 때문에 현장관리자 일부는 테스트 결과를 신뢰할 수 없다고 문제를 제기했다. 하지만 관리를 맡은 BP사의 리더는 이러한 사실을 경시하고 그대로 시추선 가동을 지시했다. 오후 9시 56분 폭발사고가 발생했다. 작업자의 진술과 사고조사 보고서에 따르면 딥워터 호라이즌의 폭발사고는 심해 유정 내부에서 고압의 메탄가스가 급격하게 분출되어 시추관으로 뿜어져 나왔는데 시멘트가 이를 견디지 못했다는 것, 그리고 자동 제어 밸브가 제대로 작동하지 않아 고압의 가스가 엔진까지 유입되어 과부하를 일으켜 결국 폭발했다는 것이 주요 내용이었다. 4월 22일 오전, 결국 딥워터 호라이즌은 완전히 바다 속으로 침몰하고 말았다. 이 사고로 11명이 사망했고, 17명이 중상을 입었으며 7억 7,800만 l 의 기름이 멕시코만으로 유출되어 환경적인 재앙을 낳았다."

_ 성급한 결정으로 일어난 폭발 사고사례

    이 사고는 리더가 모든 사항에 대해 검토하고 분석하기도 전에 성급하게 내린 의사결정으로 발생한 대표적인 사례다.

    리더는 성과에 대한 압박을 받는다. 압박은 안전을 경시하려는 유혹으로 이어지게 되고 성급하게 의사결정을 내리게 만든다.

4 | 정보의 가용성

> "겨울이 시작되기 전 11월이 되면 많은 기업이 설비 가동을 중지하고 보수공사에 들어간다. 특히 오래된 공장일수록 보수공사는 필수다. 2019년 11월, 지어진 지 30년이 훌쩍 넘은 A기업도 공장 지붕의 보수공사를 진행했다. 공사는 2주에 걸쳐 진행됐고, 단 한 건의 안전사고도 발생하지 않은 채 계획대로 잘 흘러갔다. 드디어 지붕 보수공사 마지막 날이 되었다. 개인보호구를 착용한 작업자가 그날도 8m 높이의 지붕에 올라가 보수작업을 진행했다. 이때 갑자기 '쿵' 하는 소리가 들렸다. 지붕에서 작업하던 작업자가 추락한 것이다. 현장관리 감독자가 소리 나는 곳으로 달려갔다. 작업자가 쓰고 있던 안전모는 작업자의 신체에서 분리되어 7m나 멀리 날아가 있었고, 그의 머리에서는 출혈이 심했다. 감독자는 바로 119로 신고해 그를 병원으로 이송했지만 안타깝게도 사망하고 말았다."
>
> _ 고소작업 중 추락해 사망한 사고 사례

이 사고는 고소작업이 한 해에 겨우 한두 건 진행되던 기업에서 발생한 것이다. 고소작업과 관련된 위험정보가 기업에 전무했다. 작업

빈도가 낮아 안전관리의 필요성을 제대로 인식하지 못했기 때문이다. 고소작업과 관련한 정보가 적은 상태에서 리더는 일상적인 의사결정을 내릴 수밖에 없었다.

> "2022년 2월 B기업은 생산설비의 유지보수와 효율성 향상 그리고 안전점검을 위해 TA_{Turn Around}를 진행하고 있었다. 이날도 변함없이 위험성 평가_{Job Safety Analysis} 및 TBM_{Tool Box Meeting} 등 안전을 위한 점검과 교육 후에 작업을 진행했다. 작업자들은 대형 열교환기 안에서 청소를 마치고 성능 확인을 위해 시험가동에 들어갔다. 시험가동 중에 이상한 점은 전혀 없었다. 내부 압력을 조금씩 높여가며 공기 누출 여부를 확인하던 중 갑자기 폭발과 함께 덮개가 떨어져 나가 작업자를 덮쳤고, 안타깝게 8명의 사상자_{4명 사망, 4명 부상}가 발생했다.
>
> _ 보수공사 중 열교환기 폭발로 인한 사고사례

이 사고는 밀폐작업 후 시험가동 중에서 발생했다. 밀폐작업 중 안전관리는 철저하게 이뤄졌다. 열교환기 내부에서 작업하는 작업자의 안전을 위해 사전에 산소 및 가스의 농도를 확인했고, 작업자는 밀폐작업에 필요한 모든 개인보호구를 제대로 착용했으며, 안전 관찰자가 외부에서 관찰 임무를 제대로 수행해 이상 없이 마무리했다. 문제는 시험 가동이었다. 시험가동 중 발생할 수 있는 폭발의 위험성은 인지했으나, 예방하기 위한 사전 조치 및 확인 정보는 부족했다. 시험가동 중 폭발사고에 대한 보고서가 전혀 없었기 때문이었다.

위 두 사례에서 보듯, 사고 예방을 위한 제대로 된 의사결정을 위해서는 리더에게 정보가 필요하다. 단순한 정보가 아닌 이용 가능한 정보, 유용한 정보 말이다. 문제는 의사결정자가 사용할 수 있는 안전 정보는 사고조사 보고서에 국한된 경우가 대부분이고, 그 보고서도 몇 안 되는 빈약한 수준이라는 것이다. 보고서가 빈약한 이유는 기업에서 발생하는 아차사고near miss accident와 경미사고minor accident의 경우, 보고에서 누락되거나 기록을 관리하지 않는 경우가 많기 때문이다.

5 | 너무 많은 대안

"2021년 제철회사 C공장에서 안전행동 진단을 실시했다. 압연공정 작업자의 행동을 관찰했다. 용광로의 용액이 압연을 위해 옮겨지는 과정에서 작업자가 3m 정도의 쇠막대기로 공정 주변에 쌓인 불순물을 제거하고 있었다. 뜨거운 용액과 작업자의 거리는 불과 2m 남짓이었고, 설비와 작업자의 사이에는 약 80㎝의 높이로 쳐진 안전 바Safety Bar가 전부였다. 작업자는 불순물을 제거하기 위해 안간힘을 쓰다 보니 자연스럽게 안전 바에 몸을 기

> 대며 작업했다. 이 문제를 관리자에게 공유하고 왜 그렇게 조치했냐고 물었다. 관리자는 말했다. 사실 안전을 확보하는데 현재의 안전 바는 한계가 있다고 인정했다. 그리고 이런 답변이 들어왔다. 다양한 대안들, 현재 설치된 안전 바를 포함해 열 가지가 넘었지만, 최종 결정된 것이 현재의 안전 바$_{Safety\ Bar}$라고."
>
> _ 작업자의 안전을 확보하지 못하는 안전조치 사례

부실한 안전 바로 다행히 기업에서 단 한 건의 사고도 발생하지는 않았다. 하지만 관리자와 이야기를 나누는 동안 사고가 날 뻔한 것이 여러 차례 있었다는 사실을 확인할 수 있었다.

위 사례는 너무 많은 대안이 리더에게 제공되어 잘못된 의사결정을 내린 대표적인 사례다. 리더는 대안 중 하나를 선택할 때 비용과 이익을 고려하지 않을 수 없다. 결국 가장 저렴한 비용이 들면서 중대재해는 막을 수 있는 나름 최선의 대책을 선택할 수밖에 없는 것이다. 그리고 리더는 다양한 대안을 마치 '대안'이라는 하나의 공통된 틀로 간주하는 경향이 있다. 어떤 대안이든 목표를 실현하는데 전혀 문제가 없다는 것으로 여기면서 대안을 평가하지도 않고 선택하는 결과를 초래할 수 있다는 것이다. 또한 대안에 대한 작업자의 수용성 문제도 리더의 의사결정을 방해한다.

앞서 제시한 사례의 경우, 리더는 작업자의 안전을 확보하기 위해 안전 바를 최소 3m 이상 떨어져 설치하고, 1m 이상의 높이로 견고하게 설치했어야 했다. 하지만 그러지 않았다. 안전 바를 만들게 되면 3m 길이의 쇠막대기로는 도저히 작업할 수 없다는 작업자들의 요구가 있었고, 이를 무시할 수 없었기 때문이다. 너무 많은 대안은 리더의 이성적이고 합리적인 의사결정을 방해한다. 적절한 대안이 필요한 이유다.

•• 2인 의사결정 리스크 관리

1 | 경쟁

2인에 의해 의사결정이 이뤄지는 경우 의사결정에 개입되는 감정적 요인은 '경쟁'이다. 두 사람 사이에서 정치적 또는 전략적 이유로 생기는 경쟁이다. 경쟁을 통해 이뤄지는 의사결정의 질은 결코 좋을 수 없다. 예를 들어 안전을 위해 절차를 준수하는 방법에 대해 의사결정을 한다고 가정해 보자실제 있었던 일이기도 하다. A는 사고의 근본적인 원인이 작업자에게 있다고 믿었다. 그들이 작업절차를 지키지 않아 사고가 발생한다고 믿으며 절차를 위반하지 않도록 안전순찰을 포함해 징계제도 도입을 강력히 주장했다. 반면 B는 기존의 절차가 생산성과 안전성 사이에서 발생하는 갈등이 근본적인 원인이라고 생각했다.

기존의 절차가 너무 복잡해 오히려 업무를 방해하기 때문에 작업자들이 절차를 잘 따르지 않는다는 것이다. 그래서 B는 안전순찰과 징계제도보다는 생산성에 지장을 미치지 않으면서 안전을 확보할 수 있도록 절차를 더 간소화해야 한다고 주장했다.

문제해결을 위한 대안 접근에 있어 A와 B의 관점 차이는 너무나 컸다. 둘은 논쟁하기 시작했고 시간이 지나도 타협점은 보이지 않았다. 이에 B가 타협을 시도했다. 자신의 의견을 희생한 것이다. 문제는 두 사람이 협의해 채택한 안전순찰과 징계제도 실행이 제대로 되지 않았다는 것이다. 그 이유는 무엇이었을까? 협의를 위해 자신의 관점을 희생했던 B가 안전순찰과 징계제도 실행에 덜 전념했기 때문이다. 결국 안전순찰과 징계제도는 유명무실한 활동이 되어 버렸다.

2인 의사결정에서 경쟁은 누군가의 희생을 요구하고, 희생을 강요받은 사람은 타인의 성공 보다는 타인의 실패를 위해 전념하지 않는 문제가 발생할 수 있다. 따라서 2인 의사결정에서는 지나친 경쟁으로 개입되는 감정적 의사결정을 경계해야 한다.

2 | 의사결정 사분면 Grid

두 사람의 협력으로 이뤄지는 의사결정은 혼자 의사결정을 할 때보다 더 나은 대안을 선택할 가능성은 더 높아진다. 그 가능성을 높이기 위해선 두 단계의 협의 과정이 필요하다.

먼저 첫 번째 '목표 달성을 위해 무엇을 할 것인가?'를 협의해야 한다. '무엇을 할 것인가?'라는 질문에 두 사람은 저마다 자신이 생각하는 대안을 제시하게 된다. 그리고 제시된 대안에 대해 각자 동의 또는 미동의라는 잠재적 의견을 가지게 된다. 이때 서로 다른 의견을 가지게 되면 협력을 방해하는 갈등 요소가 생길 수 있기 때문이다.

두 번째 '어떻게 할 것인가?'를 협의해야 한다. 이 질문으로 서로 다른 방법을 제시하고, 그 방법에 대해 다른 의견을 가지게 되면 이 또한 갈등 요소를 만든다. 이때 생기는 갈등 요소로 인해 최고의 것을 선택할 가능성이 줄어드는 협력의 딜레마에 빠질 수 있기 때문이다.

의사결정 과정에서 경쟁에 따른 잘못된 의사결정을 예방하는데 유용한 도구가 있다. 바로 의사결정 사분면Grid이다.

협력에 도움이 되는 의사결정 사분면

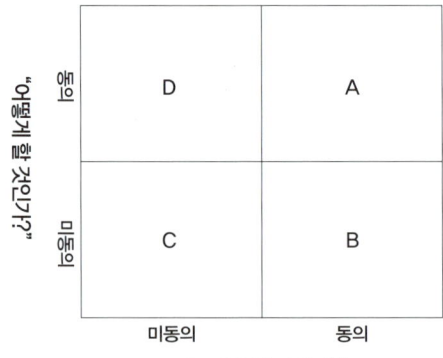

의사결정 사분면~Grid~의 'A영역'은 이심전심의 상태다. 두 사람 사이에 어떤 갈등도 존재하지 않는다. 'B영역'과 'D영역'은 '동의'와 '미동의'가 존재해 '미동의'에 대한 특별한 협력이 필요하다. 'C영역'의 경우 모두 '미동의'하기 때문에 서로 자신의 것을 고수하게 되면 갈등은 배가 된다. 그렇다면 어떻게 해야 할까? 의사결정 사분면~Grid~의 영역별로 필요한 협력을 다음과 같이 거치면 된다.

A영역에서는 두 사람이 이심전심의 상태로 특별한 협력이 필요하지 않다. 그대로 결정하면 된다. B영역은 두 사람이 제시한 실현방법에 대해 전문성에 기반해 이해와 공감을 진행하며 합의에 이르면 되고, 방법에 동의하지만 무엇을 할 것인지 동의하지 않는 D영역에서는 타협점을 논의한다. 마지막으로 모두 동의하지 않는 C영역은 자신의 주장을 내세우면 내세울수록 논쟁과 갈등만 커지기 때문에 재조사를 통해 제3의 대안을 찾는 것이다.

감정적 의사결정 요인인 '경쟁'에서 다룬 A와 B의 사례를 다시 살펴보자. 두 사람은 '무엇을 할 것인가?'라는 질문에 모두 작업자의 행동개선에 대해 동의했다. 하지만 '어떻게 할 것인가?'라는 질문에 A는 안전순찰과 징계제도를 제안했고, B는 기존 절차의 간소화를 제안했다. 전형적인 B영역의 사례다. 이는 전문성의 영역이다. 즉, A와 B는 타협이 아니라 전문성을 기반으로 이해시키고 공감을 이뤄내는 활동으로 협의하면 되는 것이다.

◎ A와 B가 타협이 아닌 전문성 기반의 논의를 진행했다면…

> **A, B** 우리는 작업자가 절차를 준수해야 한다는 것에 의견 일치를 보였습니다. 하지만 방법에 대해 서로 다른 의견을 가지고 있죠. 각자가 제시한 방법에 대해 좀 더 전문적으로 이야기를 나눴으면 합니다.
>
> **A** 제가 제시하는 방법이 필요한 이유는 절차를 따르지 않는 작업자를 징계하지 않고, 그대로 둔다면 절차를 무시해도 된다는 잘못된 생각이 작업자들에게 전염병처럼 번질 수 있기 때문입니다.
>
> **B** 말씀에 동의합니다. 하지만 작업자들이 어떻게 하면 더 편하고, 더 효율적으로 일 할 수 있을지를 먼저 생각해야 합니다.
> 그런데 현재의 작업 절차는 너무 지나치게 높은 안전수준을 요구해 일에도 방해되고, 안전에도 도움이 되지 않습니다. 안전이 기본으로 전제되면서 효율성까지 갖춘 절차를 먼저 만들어야 한다는 것이 제 생각입니다.
>
> **A** 현재의 안전 기준이 높은 건 사실입니다. 이대로 진행한다면 작업자 대부분이 징계를 받을 수밖에 없는 것 또한 사실입니다.
> 그럼 B가 말한대로 절차를 개선하고, 제가 제안한 순찰과 징계를 활용하는 것은 어떨까요?
>
> **B** 정말 좋네요. 작업자의 절차 준수를 위해 함께 전념해 봅시다!

이와 같이 좋은 협력을 이끌어내지 않았을까? 두 사람에 의해 의사결정이 이뤄지는 구조를 가진 기업이라면 누구의 희생도 강요하거나 요구해선 안 된다. 그 사람의 헌신과 참여에 부정적 영향을 미칠 수 있기 때문이다. 따라서 가능한 한 유연하고 타협의 여지를 남겨 협력을 이끄는 것이 좋다.

•• 집단 의사결정 리스크 관리

집단 의사결정의 대표적인 회의체는 '안전 이사회', '안전 위원회', '고위 관리자 안전회의', '부서 안전회의'이다.

이러한 집단 의사결정이 잘 운영되기만 한다면 높은 품질의 의사결정을 할 수 있는 아주 매력적인 방법이다. 문제는 이러한 집단 의사결정도 감정적 요소에 의해 영향을 받을 수 있다는 것이다.

1 | 챌린저호 폭발의 원인

집단 의사결정이 이뤄지는 과정에서 감정적 요소가 작용하여 잘못된 의사결정을 내린 대표적인 사례가 1986년 1월 28일 7명의 승무원을 사망에 이르게 한 챌린저 우주왕복선 폭발사고다. 챌린저호의 최초 발사 예정일은 1월 22일이었다. 기상악화로 23일로 연기됐지만 그날에도 발사하지 못했다. 같은 이유로 24일, 25일, 27일로 발사일이 변경됐다. 최초 발사일로부터 네 번이나 연기된 것이다.

27일에도 발사는 이뤄지지 않았다. 발사 연기와 악천후로 챌린저호의 정비가 필요해진 것이 그 이유였다. 발사일은 다시 28일로 변경되었다. 5차례의 발사 연기는 NASA_National Aeronautics and Space Administration를 비롯한 정부의 비난으로 이어졌고, NASA는 챌린저호를 이른 시일 내에 발사해야 한다는 강박감에 빠지게 했다.

  1월 28일 발사 당일, 날씨는 또 NASA를 도와주지 않았다. 전문가들은 발사일을 연기해야 한다고 주장했음에도 NASA는 더 이상 미룰 수 없다며 예정대로 진행하기로 했다. 발사 7초 전 챌린저호 본체의 주엔진이 점화됐고 정상적으로 지상을 떠났다. 챌린저호는 지상을 떠난 지 73초 만에 폭발했고, 그 잔해가 지상으로 유성처럼 떨어졌다. 이 과정이 전 세계로 전송되었다. 챌린저호의 폭발을 실시간으로 지켜보던 전 세계인들은 충격에 빠졌고, 전문가들은 무리한 발사를 추진한 NASA를 비난했다. 정부는 챌린저호 사고원인을 조사했다. 조사 결과 폭발 원인이 오른쪽 로켓 부스터의 'O링_{고무패킹}'이 추운 날씨로 얼어붙어 제 기능을 하지 못했기 때문으로 밝혀졌다. 비난의 화살은 O링을 설계·제작한 '모튼치오콜'이라는 기업을 향했고 조사가 집중되었다.

  조사를 진행하는 과정에서 모튼치오콜의 O링 기술자가 "날씨가 너무 추워서 링이 제대로 확장력을 발휘하기 전에 타 버릴 수 있다"며 발사를 취소해야 한다고 NASA에 여러 차례 요청한 사실이 밝혀졌다. NASA와 정부 고위 관료들은 비난의 압박에서 벗어나고자 그들이 가진 힘으로 모튼치오콜 기술자의 의견을 무시했던 것이다.

2 | 챌린저호 폭발의 교훈

  1986년 챌린저 우주왕복선 폭발사고는 의사결정을 하는 집단이 어떤 상황에 고립정치적 압력되어 자신을 보호하기 위해 무리한 결정을 내릴 수 있다는 것을 보여주는 단적인 예다.

또한, 의사결정 집단의 구성원이 실제 현장과 거리가 먼 사람들로 구성될수록 잘못된 의사결정을 내릴 위험은 증가하게 된다. 안전위원회가 외부의 전문가로 구성된 경우, 최상위 리더경영진들로만 이뤄진 안전이사회, 사무직 직원으로만 운영되는 부서나 팀의 회의가 대표적이라 할 수 있다. 따라서 집단 의사결정에 의해 결정을 내리는 것이 기업의 의사결정 구조라면 리더는 내부 정치, 특정 집단의 이해, 특정 집단의 힘이라는 감정적 요인이 의사결정 과정에서 개입되지 않도록 주의해야 한다.

04

전략적 안전리더십 Ⅲ
커뮤니케이션 리스크 관리
Safety Leadership

안전문화 실행을 위한 합리적인 의사결정 이후 리더에게 필요한 활동은 조직 전체에 '의사결정 내용을 어떻게 전달할 것인가?'라는 커뮤니케이션이다. 커뮤니케이션은 구성원들의 참여와 헌신에 직접적인 영향을 미치기 때문이다 안전문화의 변화가 여기서 시작되는 것이다.

커뮤니케이션의 목적은 변화를 위한 공감대를 형성하고, 조직 전체에 정보를 전송하는 것이다. 정보의 전송을 위해선 대상전 구성원, 방법문자와 음성, 수단게시판, 홈페이지, 메일, 스마트폰 등 그리고 소통할 라인조직이 필요하다. 그리고 조직 내에 이뤄지는 정보 전송을 위한 커뮤니케이션 형태직원과 직원, 직원과 리더, 리더와 리더, 리더와 부서, 부서와 부서, 사업 단위와 사업 단위 등와 정보 공유의 메커니즘소문과 같은 비공식 메커니즘, 지시 등 공식 메커니즘도 이해해야 한다. 그렇지 않으면 정보는 왜곡될 수 있다. 이는 목표한 안전문화를 실현하는데 있어 큰 장애물이다. 구성원의 참여와 헌신에 부정적인 영향을 미치기 때문이다.

기업에서 이뤄지는 커뮤니케이션은 크게 4가지로 구분할 수 있다. 대규모 청중을 대상으로 한 '대규모 커뮤니케이션', 부서 내에서 이뤄지는 '조직단위 커뮤니케이션', 상사와 동료 그리고 부하 등 개별적으로 이뤄지는 '개인단위 커뮤니케이션', 마지막으로 공문, 게시판, 이메일, 메신저 등으로 이뤄지는 '문자 커뮤니케이션'이다. 각각의 커뮤니케이션은 목적과 상황에 맞게 전략적으로 이뤄져야 한다. 그렇지 않으면 오해와 왜곡이라는 부정적 결과를 초래하고, 자발적인 참여와 헌신을 이끌어 낼 수 없기 때문이다.

대규모 커뮤니케이션 관리

대규모 커뮤니케이션에는 '공식적인 발표 Formal presentation'와 '타운 홀 미팅 Town hall meeting'이 있다.

공식적인 발표와 타운 홀 미팅의 목적은 우리가 앞으로 어떤 방향으로 언제까지, 어떻게 나아갈 것인지 알리는 것이다. 따라서 대규모 커뮤니케이션에선 메시지의 명확성과 간결성이 매우 중요하다. 그렇지 않으면 대부분의 사람들이 제시된 정보를 기억하지 못하는 일이 벌어질 수 있다. 커뮤니케이션 연구에서는 대중의 20%만 기억할 뿐이며, 기억하는 정보의 정확성도 매우 낮을뿐더러 한 시간도 안 돼서 정보의 50%는 잊어버린다는 결과도 있다. 시간이 지남에 따라 인간이 기억하는 정보의 양이 감소한다는 독일의 심리학자 에빙하우스Hermann Ebbinghaus의 '망각곡선Forgetting Curve'을 그대로 입증하고 있다. 메시지의 명확성과 간결성이 부족하면 변화를 위한 구성원의 참여와 헌신을 이끄는 데 도움이 되지 않는다. 이럴 때 리더는 어떤 커뮤니케이션 전략을 사용해야 할까?

기억의 문제는 정보를 제공하는 횟수를 늘려 해결할 수도 있지만 비용도 많이 들고, 대규모의 청중을 다시 한자리에 모은다는 건 정말 힘든 일이며 너무 비효율적이다. 그렇기 때문에 피드백을 바로 받는 것이 필요하다.

즉, 대규모 청중에게 정보를 제공하고 따르라 권하는 것에 그치는 것이 아니라 제공한 정보와 전략에 대해 어떻게 생각하는지 그 자리에서 물어 확인하는 것이다. 우리가 가고자 하는 방향에 공감하는지, 변화를 위한 활동에 함께할 의향이 있는지, 어떻게 참여하고 헌신할 것인지 말이다. 이는 인간이 가진 심리를 이용한 전략이기도 하다. 인간은 다수가 있을 때 집단에서 고립되거나, 모욕당하지 않으려는 심리가 있다. 심리학에서는 이를 '군중심리Herd mentality, Mob Mentality'라고 한다. 다수가 모인 자리에서 조직이 변화하고자 하는 방향, 이를 위한 참여와 헌신에 반기를 드는 사람은 거의 없다는 것이다. 대부분이 동의할 수밖에 없다는 말이다. 피드백을 넘어 참여와 헌신까지 이끌 수 있는 효과까지 있다. 이때 참여와 헌신의 담보인 서약서를 작성하고, 서약까지 하게 된다면 그 효과는 배가 된다.

•• 조직단위 커뮤니케이션 관리

　조직 단위에서 실시하는 대표적인 커뮤니케이션은 '팀 미팅Team meeting,' '브리핑Briefing'이다. 이 둘은 대규모 커뮤니케이션에서 제공한 안전문화 방향과 전략을 조직 단위로 전개하는 것이 특징이다. 우리 부서는 어떻게 참여하고 헌신할지 실행계획을 공유하고 논의하는 것이다. 조직 단위의 구성원을 대상으로 한 커뮤니케이션에서 공유되는 정보는 대규모 커뮤니케이션에서 제공하는 정보에 비해 훨씬 구체적이고 실행 중심적이어야 한다. '실행 가능한 정보'와 '구체적인 정보'라는 것은 현장 적용 가능성으로 판단해야 하는 영역이다. 단순히 정보를 공유하는 걸로는 부족하다. 대부분의 부서 단위 커뮤니케이션에서 지침 또는 지시사항을 전달하거나, 일방적 정보공유만 이뤄지고 부서 단위 검토와 논의는 거의 이뤄지지 않는 경향이 있어 반드시 이에 대한 검토와 논의가 따라야 한다. 공유한 정보에 대한 검토와 논의가 이뤄지지 않으면 공식적인 발표와 타운 홀 미팅에서 올려놓은 참여와 헌신 의지를 감소시킬 수 있다. 따라서 조직 단위 구성원에 대한 커뮤니케이션 전략의 핵심인 피드백은 공유한 정보에 대해 현장 적용 가능성 관점에서 검토하고 논의되어야 한다.

우리 부서에서 실행할 수 있을지, 부서가 직면할 문제나 어려움은 무엇인지, 이를 어떻게 극복하고 해결할지 등의 질문을 활용하면 변화를 위한 구성원들의 참여와 헌신을 더 이끌어 낼수 있다. 자신이 제안하거나, 참여해 결정된 것이기에 때문에 책임감과 주인의식이 생기고 강화되기 때문이다. 안전문화는 참여와 헌신을 강요하고 억압해서 만들어지는 것이 아니다. 구성원 스스로 자발적으로 참여하고, 적극적으로 헌신할 때 만들어진다. 전략적 질문은 리더가 목적 실현을 위한 구성원의 참여와 헌신을 이끄는데 큰 도움이 된다.

개인단위 커뮤니케이션 관리

조직에서는 '동료와의 커뮤니케이션', '부하와의 커뮤니케이션' 그리고 '상사와의 커뮤니케이션'이 때와 장소를 가리지 않고 이뤄진다. 이때 이뤄지는 커뮤니케이션이 '개별 면담Personal interview'과 '사적 대화Private talk, Small talk'이다. 개별 면담은 특정 목적을 위해 한 사람씩 따로따로 만나서 이야기하는 공적인 커뮤니케이션이다.

사적 대화는 말 그대로 특별한 목적이나 주제 없이 사사로이 나누는 대화다. 앞서 언급한 대규모 커뮤니케이션과 조직 단위의 구성원을 대상으로 한 커뮤니케이션이 정보의 공유와 전달이 목적이라면 개인을 대상으로 한 커뮤니케이션은 개인적인 생각과 느낌 그리고 감정을 확인하는 것이 목적이다.

군중심리에 의해 참여와 헌신을 약속하고, 조직의 의사결정에 참여했다고 하더라도 개인적으로 공감하고, 이해하지 못하는 상태라면 그들의 약속은 공수표空手票에 불과하다. 따라서 조직의 변화에 대한 구성원 개인의 생각과 감정을 확인하고, 직원들의 공감대를 이끄는 전략적 커뮤니케이션이 리더에게 필요하다.

1 | 개별 면담 Personal interview

개별 면담은 특정한 목적을 두고 조직 구성원 한 사람씩 따로따로 만나서 진행하는 것이다. 이러한 커뮤니케이션은 팀 미팅과 브리핑이 끝나고 일정 기간과 시간을 정해 놓고 진행하는 것이 좋다. 기간과 시간을 정하게 되면 구성원은 개인적인 생각을 정리할 여유를 갖게 되기 때문이다. 이는 변화에 대한 구성원의 생각과 감정을 정확하게 파악하는 데도 도움이 된다. 그리고 대화의 물꼬를 트기 위한 노력에 시간을 낭비할 필요도 없다. 단도직입적으로 물어 공감과 이해가 부족하다면 설명하고, 도움과 지원이 필요하다면 요구하는 도움과 지원을 약속하면서 피드백하면 된다.

　변화의 필요성에 대해 얼마나 공감하는지, 변화를 위한 결정에 대해 어떻게 생각하는지, 변화를 위한 실행에 개인적으로 필요한 것은 무엇인지를 확인해보자. 단, 리더의 권한에는 한계가 있으므로 약속을 남발해선 안 된다.

2 | 사적 대화 Private talk, Small talk

　조직에서 이뤄지는 사적 대화는 리더가 대화에 참여하기도 하지만, 참여하지 못할 때가 있다. 전자보다 후자가 훨씬 많이 발생한다. 전자의 경우 리더가 대화 중에 구성원의 생각과 감정을 확인하고, 참여와 헌신을 이끌기 위한 노력을 할 수 있다. 하지만 후자는 거의 불가능하다. 그렇다면 어떻게 해야 할까?

　구성원과 실시한 개별 면담 과정에서 변화의 필요성에 공감하고, 참여와 헌신하고자 하는 의지를 표명한 구성원을 안전문화 전도사로 활용하는 것이다. 잔잔한 호수에 돌을 던지면 물결이 이듯 조직 속에서 변화를 위한 물결을 만들게 하면 된다. 필요하다면 소문을 만들어 내도 좋다.

문자 커뮤니케이션 관리

　기업에서는 문자를 활용한 커뮤니케이션도 활용한다. 문자는 장소와 시간적 한계가 없기 때문이다. 문자 커뮤니케이션 전략에서 핵심은 무엇일까? 그것은 바로 메시지다.

> ● **기업에서 이뤄지는 대표적인 문자 커뮤니케이션들**
> - 사내 인터넷망의 게시글
> - 뉴스레터, 사내 잡지 및 홍보물
> - 게시판, 제안 및 소리함
> - 이메일, 공문
> - 문자와 메모

　좋은 글이란 어떤 글일까? 좋은 글이 되기 위해서는 읽는 사람의 관심을 끌고, 구조적으로 잘 정돈되어 있으면서 일관성이 있어야 한다. 즉, 메시지가 명확한 글이 좋은 글이라는 의미다. 여기에 문자 커뮤니케이션의 전략이 모두 담겨있다. 뉴스레터를 작성하고, 이메일을 보내고, 문자를 보내는 등 어떻게 커뮤니케이션하든 누가 봐도 그 글의 메시지를 보고 바로 알 수 있게 하는 것이 중요하다.
　다음의 글은 실제로 리더가 직원들에게 보낸 메일의 내용이다.

"우리는 모든 일에 안전을 최우선으로 여겨야 합니다. 리더의 특별한 지시나 지침이 없다면 우리는 반드시 이를 지켜야 합니다."

위 메일의 내용을 볼 때 좋은 글이라고 생각하는가? 처음 이 글을 봤을 때 "짧은 문장이네", "정말 생각을 많이 했겠구나"라고 생각했다. 그러나 내용을 읽다 보니 놀라지 않을 수 없었다. 리더의 지시나 지침이 있다면 그렇게 안 해도 된다는 내용을 봤기 때문이다.

그리곤 곧장 든 생각이 "평소에 생산과 품질이 안전보다 더 중요하다고 여기는 리더 밑에 있는 사람들은 이 글을 어떻게 받아들일까?"였다. 언뜻 보면 문장이 간결해서 좋은 글처럼 보인다. '안전이 최우선이다'라는 메시지도 명확하다.

그런데 뒤의 문장을 보면 앞의 문장과 상반된 내용이 담겨있어 논리적 일관성이 떨어진다. 결코 좋은 글이라 할 수 없다. 그리고 커뮤니케이션하는 목적에 반하는 결과_{자발적 참여 및 헌신 감소}를 초래할 위험마저 가지고 있는 글이다. 이 글을 쓴 리더의 고충도 충분히 이해된다. 안전을 최우선으로 여겨 일해야 하지만 상황에 따라 그렇게 안 해도 된다는 유연성까지 담고 싶은 마음이 보인다.

하지만 보는 이 입장에서는 생산과 품질에 방해가 된다면 안전을 후순위로 미뤄도 된다고 얼마든지 생각하고, 해석할 위험이 있다. 좋은 글이 되기 위해선 다음과 같이 수정되어야 한다.

"우리가 행하는 모든 일에 안전보다 우선한 것은 없습니다. 안전 최우선 가치는 무슨 일이 있어도 우리가 지켜야 할 가치입니다"

05

전략적 안전리더십 Ⅳ
저항 리스크 관리
Safety Leadership

  변화는 기본적으로 모두에게 익숙하지도 친숙하지도 않다. 기존의 것과 다르기 때문이다. 익숙하지도 친숙하지도 않은 것은 불확실성과 혼란을 증가시킨다. 이는 구성원들의 다양한 생각으로 이어질 수 있다. "변화로 인해 나는 앞으로 얼마나 많은 회의에 참석하게 될까?", "나의 일은 또 얼마나 늘어나게 될까?", "나에게 부여되는 일들을 처리하기 위해 얼마나 많은 시간을 더 투자해야 할까?", "과연 필요한 자원은 제대로 제공될까?", "얼마 지나지 않아 없던 일이 되진 않을까?" 등 안전문화로의 변화를 위한 긍정적인 생각으로 이어지기도 하지만 대부분은 부정적인 생각으로 이어진다. 긍정적인 생각은 참여와 헌신으로, 부정적인 생각은 저항으로 나타난다.

  저항은 언제 생기고, 왜 생기는 것인지에 대한 답을 찾는 것은 사실 그렇게 어렵지 않다. 지금까지 특별한 사고도 없었는데 당장 당신에게 기존에 해오던 것을 바꾸라고 한다면? 당신은 아마도 이렇게 생각할 것이다. "우리는 항상 이렇게 일해 왔어, 그리고 그동안 사고도 없었는데 왜?", "사고는 사람들이 부주의해서 생기는 건데 잘해오던 걸 왜 바꾸라는 거지?" 이처럼 변화의 목적이나 장점보다는 변화 그 자체를 반대하려고 할 것이다. 변화가 스트레스를 주기 때문이다. 앞으로 어떤 일이 벌어질지 모르는 두려움, 변화에 따라 예상되는 업무의 증가 그리고 무엇보다 현재 일하는 방식이 잘못된 것이라고 스스로 인정해야하기 때문이다. 특히 일하고 있는 방식이 잘못되었다고 인정하는 것은 정말 힘들고 어렵다. 마치 자신이 문제라고 인정하는 것처럼 여겨지기도, 잘못된 방식으로 일하는 자신이 어리석은 사람이라고 인정해야하기 때문이다.

저항은 매우 자연스러운 반응이다. 안전문화의 변화 과정에서 생기는 저항에 대해 너무 크게 걱정하고 우려할 필요는 없다. 분명한 것은 저항은 변화를 억제하는 힘이기 때문에 리더의 관리는 필요하다.

건전하고 건강한 안전문화로의 변화를 위해 저항을 적절히 관리하는 유일한 방법은 저항의 실체를 파악해 통제 가능한 수준으로 유지하거나 줄여나가는 것이다 저항을 아예 없애는 것은 불가능하다. 따라서 저항의 실체가 어디에 있는지 파악하는 것부터 저항관리가 시작돼야 한다.

변화에 대한 저항의 실체는 무엇일까? 심리학자들은 저항을 개인의 감정에서 오는 '정서적 저항Emotional Resistance', 변화에 대한 개인적인 생각에서 오는 '인지적 저항Cognitive Resistance', 변화에 대한 집단의 대처 방식에서 오는 '사회적 저항Social Resistance', 변화에 대한 행동 방식이 원인이 되는 '행동적 저항Behavioral Resistance' 그리고 부서 단위에서 조직적으로 반대하고 방해하는 '조직적 저항Organizational Resistance'으로 구분한다.

•• 정서적 저항Emotional Resistance 관리

정서적 저항은 부정적 감정의 표출로 나타난다. 부정적 감정으로는 화를 내거나 비웃는 등 분노와 경멸, 혐오 그리고 비난이 있다. 분노는 변화에 수용하는 사람들을 당황하게 만들기 위해 표출하고, 경멸과 혐오 그리고 비난은 변화를 위해 노력하는 사람들을 비웃을 때 표출되는 것이 일반적이다. 분노는 종종 안전행동관리 상황에서 발생하는데, 자기 행동을 바꾸고 싶지 않은 사람이 안전을 위해 행동을 바꾸라는 요구를 받을 때 표출된다.

이때 주로 하는 말이 "현장을 얼마나 안다고 이래라저래라 하는 거야?"이다. 경멸과 혐오, 비난은 리더들이 변화의 대상을 작업자로 한정할 때 주로 발생한다. 안전문화 변화를 위한 시간과 노력을 사소한 것으로 여기고, 모두 낭비라고 생각하는 것이다.

그럼 정서적 저항은 어떻게 극복해야 할까? 분노에 대한 리더의 관리방법은 저항하는 이에게 작업장에서 얼마나 많은 불안전한 행동과 상황이 벌어지는지를 객관적인 자료로 제시하는 것이다. 안전모를 쓰지 않고 작업하는 모습, 위험하게 일하는 모습을 보고서도 화낼 수 있는 사람은 거의 없다. 경멸과 혐오, 비난은 리더가 작업자의 안전을 위해 장비를 지원하고, 환경 개선을 위해 노력하는 모습을 보여주면 된다. 경멸과 혐오, 비난할 때 그들이 언급했던 것들이 개선되었기에 똑같은 이유를 들며 저항하지 못할 것이기 때문이다.

- **분노**: 객관적 자료를 제시하라
- **경멸, 혐오, 비난**: 장비/설비 그리고 환경에 투자하는 모습을 보여라

•• **인지적 저항** Cognitive Resistance **관리**

인지적 저항은 변화를 위한 방법을 찾을 때 주로 표출되는 저항이다. 인지적 저항을 하는 이들은 근무경력이 길고 나름 인정받는 사람들과 나름 객관적인 자료를 기반으로 문제를 제기하는 사람들로 나뉜다. 전자의 사람들은 경험과 전문성을 내세우며, 후자의 사람들은 주로 일반화의 오류를 행하는 사람들이다. 전자의 사람들은 "나

는 이 일을 30년 넘게 해왔다. 그동안 아무 문제없었다. 그런데 왜 바꿔야 하나?"라는 말을 주로 사용하고, 후자의 사람들은 "내가 아는 사람들 대부분은 전혀 필요하지 않다는데 왜 그러나?"라는 말을 주로 사용한다.

두 유형 모두 변화의 필요성에 대해 이해하지 못했거나 공감하지 못했기 때문이다. 여기에 리더의 저항관리 해답이 숨어 있다. 장소와 시간을 마련해서 그들에게 변화의 방향과 변화 후 얻게 될 혜택을 구체적이고 자세히 설명하는 것이다. 변화해야 하는 이유와 변화 후 얻게 되는 혜택은 무엇인지 말이다.

- 변화의 필요성을 이해시켜라
- 변화에 대한 공감대를 형성하라
- 변화에 따른 혜택을 설명하라

사회적 저항 Social Resistance 관리

사회적 저항은 '우정'이라는 이름으로 주변을 포섭해 변화에 저항하는 것이다. 개인이 가지고 있는 사회적 관계를 활용하는 경향이 있다. 예를 들어 "우리가 이곳에서 함께 한 시간이 벌써 몇 년이야. 그동안 여기선 누가 크게 다친 적도 없는데 안전문화를 이유로 귀찮게 만드니 참 어이없지 않아?", "오늘 저녁에 술 한잔 어때? 그런데 요즘 너무 일이 많아지지 않았나?", "요즘 회사가 돈을 너무 아무렇게 쓰는 거 아닌가? 안전문화라는 곳에 말이야"라며 주변을 포섭한다. 이렇게 형성된 사회적 저항은 변화를 수용해 참여하는 사람들을 배제하고 무시하는 등 고립시키는 부작용도 낳는다. 리더가 만약 사회적 저항 행위를 간과하게 된다면 어느 순간 바이러스처럼 조직 전반으로 확산해 손을 쓸 수도 없는 상태에 이르게 될 수 있다. 그런 상황이 된다면 리더는 그들의 힘에 굴복할 수밖에 없는 상황에 직면할 수 있다.

사회적 저항은 조기에 잡아야 한다. 변화를 수용하고 참여하고자 하는 사람들로부터 그들을 격리하는 것도 하나의 방법이다.

- 구맹주산狗猛酒酸, 사나운 개가 손님을 쫓아낸다
- 사회적 저항자를 수용자로부터 격리시켜라

행동적 저항 Behavioral Resistance 관리

행동 저항은 변화에 참여하고 헌신하겠다 말하면서 행동은 전혀 하지 않는 저항을 말한다. 이들이 하는 저항의 목적은 하나다. 시간을 버는 것이다. "하다가 말겠지", "얼마나 갈까?", "어차피 안 될 거야"라는 인식이 저변에 깔려 있기 때문이다. 이들이 하는 대표적 말은 핑계와 변명이다. 예를 들어 너무 바빴다, 시간이 부족했다 등의 말들이다. 개인적인 저항이야 그렇다 하더라도 어느 정도의 직책과 권한을 가진 이들은 가끔 그 힘을 잘못된 방향으로 사용하기도 한다. 앞서 언급한 말들을 하며 안전회의를 열지 않거나 안전 점검과 검사 등 꼭 필요한 활동도 하지 않는다. 이들은 또한 요청하는 자료를 제공하지 않고 부서 간 협력도 방해한다. 본질적으로 행동 저항은 변화의 요구에 순응하는 것처럼 보이지만 실제는 그렇게 하지 않는 행태를 보이는 것이다. 리더가 행동 저항에 직면하게 된다면 인내심을 가지고 뚝심 있게 밀고 나가야 한다. 그들의 인식 저변에 깔린 기업과 리더에 대한 불신을 깨야하기 때문이다.

- 인식 저변에 쌓인 불신을 먼저 깨기 위해 인내심을 가져라
- 뚝심 있게 밀고 나가라

•• 조직적 저항 Organizational Resistance 관리

조직적 저항은 변화의 필요성을 느끼지 못하는 부서지원조직, 영업조직, 서비

스조직, 기획조직, 연구조직 등에서 주로 발생한다. 이들 부서가 조직적으로 저항하는 원인은 그룹 역학적 이유, 통합된 기능적 이유, 조직의 정치적 이유 그리고 조직 시스템적 이유로 나눌 수 있다.

1 | 그룹 역학적 이유

그룹 역학적 이유에 의한 저항이란 조직 내 지배력을 가진 사람팀장이나 선임자이 그 힘을 발휘해 조직 구성원들을 동원하고, 조직적으로 저항하는 것을 말한다. 이들은 집단의 의견을 개인의 지배력으로 좌지우지하는 경향이 있다. 하지만 구성원들은 그들의 지배력에 대해 100% 동의하는 것은 아니기 때문에 저항의 강도가 크진 않다. 어쩔 수 없이 동참하는 것이다.

이럴 때 리더의 저항관리는 크게 두 가지 방법으로 이뤄질 수 있다. 하나는 지배력을 가진 사람들에게 변화를 지지해 달라고 설득하고 요청하는 것이며, 다른 하나는 지배력을 행사하는 사람들 모르게 변화 지지그룹을 만들어 힘을 실어주는 것이다. 두 가지 방법 중 전자를 먼저 추진하는 것이 좋은데, 저항관리가 훨씬 효과적일 뿐만 아니라 구성원 사이의 갈등을 최소화할 수 있기 때문이다.

- 먼저, 지배력을 가진 사람을 설득하라
- 설득이 어렵다면 구성원들로 이뤄진 지지그룹을 만들어 힘을 실어주라

2 | 통합된 기능적 이유

많은 기업이 조직 운영의 효율화를 위해 인력을 줄이고, 조직을 통합하면서 조직간 계층구조Hierarchy가 매우 취약해졌다. 물론 안전조직은 2022년 1월 27일 중대재해처벌법이 시행되기 전에 비해 많이 강화되긴 했지만, 안전문화를 이끄는데 있어 계층구조가 여전히 취약한 것은 사실이다.

조직 효율화로 인한 조직간 계층구조의 취약성은 조직간 의존성을 증가시켰다. 부서간 의존성의 증가는 기업 전반적인 변화가 필요한 안전문화에 있어 부정적인 방향으로 작용할 위험이 커졌다는 것을 의미한다. 안전문화 컨설팅 과정에서 이를 직접 경험하기도 했다.

A공장의 시설 유지관리부서는 매년 정기적으로 필터 내 이물질을 제거하고, 청소해야 하는 것이 주요 업무 중 하나였다. 이를 위해 유지관리부서는 공장 내 필터를 주기적으로 점검하는 활동을 실시했다. 필터를 점검하는 과정에서 이물질로 밸브가 닫히지 않는 것을 발견했다. 필터가 제대로 닫히지 않으면 작업자가 발암성 물질에 노출되어 심각한 사고가 발생할 수 있는 상태였다. 이를 발견한 유지관리부서의 안전 점검자는 팀장에게 당장 라인을 세워 조치해야 한다고 보고했다. 보고받은 팀장은 해당 생산팀장에게 안전조치를 위해 라인을 세울 것을 요청했으나 거절당했다. 라인을 세우면 공장을 재가동하는데 며칠이 소요되고, 막대한 손실을 볼 수밖에 없다는 것이 그

이유였다.

경영의 효율성을 높이기 위해 통합한 기능이 저항으로 이어진 대표적인 사례다. 이러한 통합적 기능의 이유로 저항이 생기게 되면 리더는 어떻게 관리해야 할까? 너무나 당연하겠지만 기능이 통합된 부서들이 함께하는 각종 회의에 참여해 자신의 의견을 밝히고, 문제를 공론화하는 것이 가장 효과적이다.

- 통합된 부서들이 함께 하는 자리에서 문제를 공론화하라

3 | 조직적 정치에 의한 이유

조직적 저항이 발생하는 또 다른 이유는 부서간 경쟁 심화로 인해 생기는 정치적 이유 때문이다. 모든 조직은 부서의 영향력을 높이고 싶어 한다. 성과, 지위 그리고 권한의 크기가 부서의 영향력 크기의 척도가 된다 기업 전반에 대한 안전문화의 변화는 현재 가지고 있는 힘의 변화로 인식하는 데서 발생하는 저항이 이에 해당한다. 만약 당신의 부서가 변화로 인해 영향력이 줄어들 것 같다고 판단되면 당신은 어떻게 반응할 것인가?

대부분의 리더는 수용보다 저항을 택할 것이다. 변화로 인해 부서가 가진 영향력이 크게 줄거나, 증가하는 일들이 벌어졌다면 이는 변화를 위한 전략의 실패 혹은 사전에 부서들과 협의가 이뤄지지 않았

기 때문이다.

이에 대한 조직적 저항관리는 최상위 리더CEO 또는 CSO가 나서야 한다. 각 부서장의 의견을 듣고, 평가하여 영향력을 조정하고, 합리적인 결정을 내려줘야 한다.

- 최상위 리더CEO 또는 CSO가 영향력을 조정하고, 결정하라

4 | 조직 시스템적 이유

조직적 저항이 일어나는 가장 흔하고, 빈번한 이유는 변화를 위해 기존의 절차와 규정을 너무 엄격하고 복잡하게 만들기 때문이다. 예를 들면 다음과 같다. 변화를 추진하기 전 생산부서는 안전을 위해 필요한 것이 있을 때 지원부서에 연락하기만 하면 바로 도움을 받을 수 있었다. 그런데 변화를 위해 안전을 전담하는 새로운 조직안전부서이 CEO 직속부서로 만들어졌고, 안전과 관련된 모든 일지원업무 포함은 안전부서의 검토와 승인을 받아야 한다는 규정도 새로 만들어졌다. 이제 안전과 관련해 지원부서의 도움이 필요한 생산부서는 먼저 안전부서에 보고해야 하고, 안전부서의 검토와 승인을 기다려야 한다. 지원부서의 도움을 받는 데에는 이전보다 훨씬 더 많은 기일이 소요되고, 그동안은 안전을 위해 설비는 가동할 수 없다.

바로 강화된 시스템이 조직적 저항을 일으키게 만든 것이다. 시스템의 문제로 인한 조직적 저항은 현장에서 생각보다 많이 발견된다. 생산부서의 최상위 리더부터 현장 리더까지 누구도 이를 문제 삼지 않는 이가 없다. 시스템의 문제는 시스템을 설계하는 과정에서 현장과 충분한 협의 없이 진행해서 생기는 경우 발생한다. 생산 담당 임원 및 부서장의 변경정기적으로 실시되는 인사발령, 시스템 설계 기간의 문제협의를 진행할 여유 부족, 인력의 문제협의할 인력 부족 등 다양한 이유로 현장과 협의하는 것이 쉽지 않기 때문이다.

그럼에도, 변화를 위해 리더는 조직적 저항을 관리해야 한다. 시스템에 의해 발생한 조직적 저항은 시스템 개선을 담당할 책임자를 정하고, 필요한 자원을 제공해 최대한 빠르게 현장과 협의가 이뤄질 수 있도록 해야 한다. 그런 다음 시스템별 성과를 주기적으로 모니터링하고 검토해야 한다. 기업의 모든 시스템은 시간이 지날수록 진화한다. 시스템을 수정하고 개선하기 때문이다. 처음부터 완벽한 시스템이란 존재하지 않는다는 점을 안다면 시스템으로 인해 발생하는 조직적 저항에 대해 현명하게 대처할 수 있다.

- 시스템 개선을 위한 책임자를 먼저 정하라
- 현장 협의와 시스템 개선에 필요한 자원을 제공하라
- 변화를 위한 시스템에 대해 주기적으로 모니터링하라

안전문화를 완성하다

PART 3

[**SAFETY BEHAVIOR**]

Safety Behavior

01

안전행동 관리
Safety Behavior

　많은 기업이 사고를 예방하기 위해 시간과 노력을 아끼지 않고 투자하고 있다. 안전관리시스템을 ISO 45001_{국제표준화기구인 ISO에서 제정한 안전보건경영시스템에 관한 국제표준규격}에 준해 강화하거나 정기적으로 안전교육을 실시하며, 안전위원회를 운영하는 것이 대표적이다. 기업의 이러한 노력에도 불구하고 사고는 줄어들지 않고 있다. 마치 밑 빠진 독에 물 붓기와 같다. 시간과 노력을 아끼지 않았음에도 왜 사고는 줄어들지 않는 것일까? 사고 대부분이 인적요인에 의해 발생하기 때문이다_{사고의 80% 이상이 인적요인에 의해 발생한다는 결과도 있다}. 작업 중에 사람들의 부주의나 불안전한 행동으로 인해 발생하는 사고가 대부분이다.

　안전 컨설턴트 게리 피콕은 사고의 96%가 불안전 행동과 리스크 수용행동이 원인이라 주장하기도 했다. 사람_{부주의, 불안전한 행동}이 원인인데 사람이 아닌 곳ISO 45001, 안전위원회, 안전설비 투자 등에 시간과 노력을 투자하니 그 효과가 작은 것은 너무나 당연하다.

　기업이 사고를 줄이기 위해서는 '사람'에게 집중해야 한다. 그것도 뿌리 깊이 박혀 있는 행동 즉, 작업 중 아무렇지도 않게, 너무나 당연한 듯 행하는 부주의와 불안전한 행동에 말이다. 글로벌 기업 중 상당수가 이미 근로자의 행동을 관리해야 한다고 인식하고, 행동관리기법 중 하나인 행동기반 안전관리BBS를 도입해 운영하고 있다. 이를 통해 사고의 절대량을 줄이는 효과를 만들어 가고 있다.

　미국국가안전보장회의NSC, National Security Act의 한 보고서에 따르면, BBS를 도입해 운영한 기업이 프로그램을 도입한 해에 총사고량의 34%를

Safety Intervention Strategies By NSC

Approach	of Studies	of Subjects	Reduction (%)
Behavior Based	7	2,444	59.6
Ergonomics	3	n/a	51.6
Engineering Change	4	n/a	29.0
Problem Solving	1	76	20.0
Gov't Action	2	2	18.3
Mgt. Audits	4	n/a	17.0
Stress Management	2	1,300	15.0
Poster Campaign	2	6,100	14.0
Personnel Selection	26	19,177	3.7
Near-miss Reports	2	n/a	0

줄이고, 2년 차에 44%, 3년 차엔 61%까지 줄였다는 결과를 발표했다. 이와 더불어 BBS가 사고량을 줄이는 데 있어 그 어떤 전략보다도 우수하다고 평가하기도 했다. 사고 없는 일터를 만들고 건전하고, 건강한 안전문화를 완성하는 것은 시스템만으로 불가능하다. 행동관리를 통해 안전행동을 습관화할 때 비로소 가능하다.

행동에 집중해야 하는 이유

    행동 중심 안전관리로 유명한 안전 컨설턴트 도미닉 쿠퍼는 영국의 한 셀로판 제조 공장을 대상으로 한 연구에서 16주만에 평균 사고 건수를 50% 이상 감소시키고, 4년 후에는 평균 사고 건수를 75%까지 줄여 사고비용을 획기적으로 줄였다고 밝혔다.

    필자 또한 2021년부터 국내 대형장비 제조 회사를 대상으로 한 컨설팅에서 근로자의 행동 변화를 통해 3일 이상의 근로손실 사고를 크게 줄인 경험이 있다. BBS 효과를 안전문화 컨설팅을 통해 다양한 기업으로 확산해가며 효과를 입증하고 있다. 그렇다고 BBS가 모든 사고를 줄이는 만병통치약이라는 것은 아니다. 사고를 예방하기 위해서는 작업환경도 개선하고, 안전조직도 강화해야 하며, 안전시스템 개선 또한 필요하기 때문이다. 하지만 그것만으론 부족하다는 것이 이 글의 핵심이다. 앞서 언급한 것처럼 사고 대부분이 사람의 부주의와 불안전한 행동에 의해 발생한다. 그렇기에 작업환경, 시스템 개선과 더불어 사고의 직접적인 원인인 사람의 행동에 더 많은 관심이 필요하다는 것이다.

근로자의 행동 개선이 재무적 지표에도 확실히 효과적이라는 근거가 있다. 도미닉 쿠퍼는 사고의 약 50%_{63/118건}를 줄이면서 사고처리에 들어가는 직접비용_{치료비, 임금배상 등}만 20만 파운드_{약 3.7억 원}를 절감했다고 밝히기도 했다. 사고로 인해 들어가는 간접비용_{가동 중지로 인한 손실, 대체 인력 및 초과근무 수당, 소송비용, 대외 이미지 손상에 따른 회복비}까지 포함한다면 최소 120만 파운드_{22.2억 원}에서 최대 1.02천만 파운드_{189.1억 원}의 지출을 막아 재무적으로 크게 기여했다고 할 수 있다_{아이스버그 이론에 따르면 간접비용은 직접비용의 최소 5배에서 최대 50배에 이른다고 한 근거로 산출했다.}

실질적인 사고 감소, 사고 예방에 따른 재무적 기여 효과를 고려할 때 기업이 행동에 집중해야 하는 이유는 더욱 명확하다.

1 | 행동은 통제 가능하다

사고 예방을 위해 설비와 장비에 안전장치_{LOTO, Lockout, Tagout 등}를 설치하고, 각종 작업표준 절차_{SOP, Standard Operation Procedure} 개선 등 시스템을 개선한다고 해서, 현장의 사고 위험이 모두 제거되는 것은 아니다. 사고의 직접적 원인인 근로자의 부주의와 불안전한 행동이 완전히 해결되지 않는 한 사고의 위험은 항상 존재하기 때문이다.

이는 한국안전보건공단이 2023년 10월에 보고한 '산업재해 사망사고 신고 전수 집계자료'에서도 확인할 수 있다. 중대재해처벌법 시행에 따른 기업의 안전시스템 강화에도 불구하고, 사망사고는 오히려 증가했다. 안전시스템을 아무리 강화해도 근로자의 행동을 직접 통제하지 못한 것이 그 이유다.

이에 반해 행동은 통제가 가능하다. 예를 들어 근로자가 계단을 오르고 있다고 가정해 보자. 근로자가 우측 통행을 하고 있는지, 핸드레일은 잡고 있는지, 이동 중에 스마트폰은 사용하지 않는지 관찰할 수 있다. 또한 불안전한 행동을 하고 있을 때 직접 개입해 통제할 수도 있다. 더 좋은 건 직접 개입으로 '킹핀 효과(King Pin)[1]'도 기대할 수 있다는 것이다. 즉, 불안전한 행동을 하는 근로자의 행동을 직접 통제하여 다른 근로자들의 행동까지 제어할 수 있게 된다는 것이다.

행동은 시스템 및 교육과 달리 사고와 직결된 것이며, 관찰과 통제도 가능하다. 게다가 킹핀 효과도 기대할 수 있어 행동관리를 안 할 이유가 없다.

---

1 **킹핀 효과(King Pin)** 아마존 밀림 상류에서 떠내려 보낸 나무들이 하류로 이동하면서 서로 엉킬 수 있는데, 이를 방지하기 위해 엉키게 만드는 원인이 되는 나무만 살짝 건드려 손쉽게 문제를 해결하는 것

2 | 지속적 추진을 위한 성과지표가 된다

일반적으로 기업들은 안전관리를 결과지표_{사고율(Accident Rate) 또는 사고량 Accident Volume, 근로손실일(LWD, Loss Work Day) 등} 중심으로 운영하고 있다. 사고율과 사고량, 근로손실일은 기업의 안전관리에 문제가 있다는 것을 알려주는 가장 손쉬운 신호이기도 한데, 동종 산업과 비교할 수 있는 지표이기 때문이다. 그러나 사고율과 사고량, 근로손실일을 통한 관리는 두 가지 관점에서 문제점을 가진다. 하나는 사고율과 사고량, 근로손실일이 사후적인 결과라는 점, 다른 하나는 이들에 따라 리더의 관심이 달라질 수 있다는 점이다. 즉, 사고율과 사고량, 근로손실일을 지표로 가지게 되면 사고에 대한 사전적 대응이 아니라 사후적 대응만 할 수 있다는 것이다. 일반적으로 기업의 사고는 늘었다가 줄고, 줄었다가 늘어나는 반복적인 패턴을 보인다. 이에 따라 안전에 대한 리더의 관심도 변화하는 것이다.

아래에 제시한 그림을 보자. A지점까지 사고가 점점 증가해 업계 평균에 도달하게 되면 리더는 안전에 대한 관심이 증가하게 된다. 업계 평균 이상으로 사고가 발생하게 될 때 리더 자신과 부서의 성과에 큰 타격을 입게 되기 때문이다. 사고관리에 있어 리더의 적극적 개입은 사고 감소로 이어져 효과가 발생한다. 그러다가 사고가 업계 평균보다 떨어지는 C시점에 도달하게 되면 안전에 대한 리더의 관심은 다시 줄어들기 시작한다. 개입 또한 적극적인 자세에서 소극적으로 변

결과지표 운영시 나타나는 사고 곡선

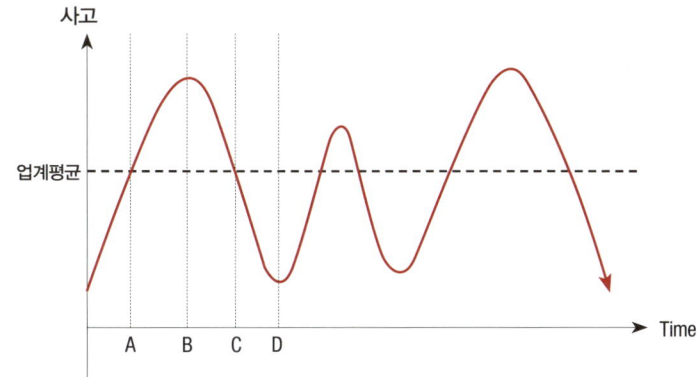

한다. 리더의 소극적 개입은 D시점까지 계속되는데, 리더의 무관심과 소극적 개입은 근로자의 불안전한 행동을 야기하며, 사고는 다시 늘어나게 된다. 결국 사고는 증가와 감소가 반복되는 패턴을 보일 수밖에 없다. 결과적으로 안전에 대한 성과를 사고율이나 사고량, 근로손실일 등 사후결과에 초점을 맞추게 되면 안전에 대한 기업의 접근방식은 반응적일 수밖에 없다.

이에 반해 일상적으로 발생하는 근로자의 행동을 측정한다면 사고가 발생하기 전 예방활동의 전개가 가능하고, 사고 여부와 관련 없이 리더의 관심과 개입은 지속성을 가지게 된다.

예를 들어 근로자들이 무의식적으로 또는 습관적으로 행하는 불안전한 행동 중 사고와 직결된 행동을 집중관리에 관한 행동으로 선정했을 때를 생각해보자. 경영진을 비롯해 모든 리더가 주기적으로 모니터링해 불안전한 행동 건수나, 발견된 불안전한 행동에 대한 조치를 지표화해서 관리하면 리더의 활동은 절대 줄지 않을 것이다. 따라서 사고 예방을 관리지표로 삼아 관리하는 것이 리더의 관심과 활동을 지속적으로 유지할 방법이라 할 수 있다.

　아래 그림을 보자. 사고가 잦다는 것은 근로자의 불안전한 행동이 빈번하게 일어나고 있는 상태, 즉 A시점에 있다는 것이다. 이때 경영진을 비롯해 모든 리더가 사고와 직결된 행동을 선정해 주기적으로 모니터링을 실시하면 근로자들은 일정 기간 리더의 안전에 대한 관심과 활동을 관찰하게 된다. 리더의 관심과 활동이 얼마나 지속되는지 지켜보는 것이다. B시점까지 리더의 활동이 꾸준히 유지되면 근로자

과정지표 운영시 나타나는 사고 곡선

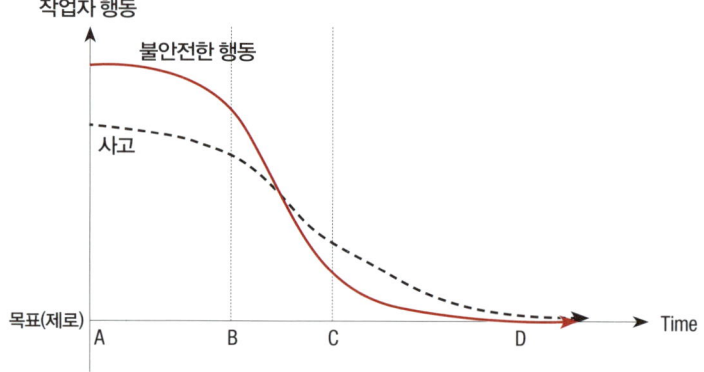

는 행동 변화의 필요성을 인식하고 불안전한 행동을 줄이기 시작한다. 이에 따라 1차 변곡점이 B시점에서 생기게 되고, 불안전한 행동의 감소는 사고의 감소로 이어지는 긍정적인 효과를 낳게 된다.

B시점을 넘어서도 리더의 관심과 활동이 중단되지 않고 지속되면 근로자는 본격적으로 불안전한 행동을 줄이기 시작하고, 동료의 불안전한 행동까지도 관여하게 된다. 이에 근로자들의 불안전한 행동이 급격히 감소하고, 사고 또한 크게 줄어들게 되는 것이다.

안전에 대한 변함없는 리더의 관심과 활동은 시간이 지날수록 작업장에서 나타나는 불안전한 행동을 '제로'에 수렴하게 만들고, 사고 곡선 또한 제로에 수렴하는 우하향 경향을 만든다.

결과적으로 안전성과를 불안전한 행동 건수나 불안전 행동 조치 등에 초점을 두고, 리더의 관심과 활동을 과정지표로 설정하게 된다면 사고에 사후적으로 반응하는게 아니라 사전적으로 반응하게 되며, 이는 실질적인 사고 감소로 이어질 것이다.

> ● **행동에 초점을 맞추면 좋은 이유**
> - 사고에 대한 사후적 대응이 아니라 사전적 대응이 가능하다.
> - 행동은 측정 가능하다.
> - 행동은 통제 가능하다.
> - 사고 감소에 훨씬 더 효과적이다.

불안전한 행동을 하는 이유

행동심리학자로 잘 알려진 스콧 겔러는 안전과 관련한 인간의 행동에 대해 "안전은 인간 본성과의 끊임없는 싸움으로 확보할 수 있다"고 말했다.

스콧 겔러가 말하는 인간 본성이란 '편익Convenience 추구'이다. 그의 말을 풀어보면 '인간은 편리하고 유익함을 추구하는 존재이기 때문에 안전을 위해서는 편리함과 유익함을 추구하려는 마음과 끊임없이 싸워서 이겨야 한다'는 것이다. 스콧 겔러의 말에 100% 동의한다. 가끔 근로자들과 이야기를 나눠보면 다음과 같은 말을 빼놓지 않는다. "나는 항상 이런 식으로 일해 왔다" 그리고 "그동안 부상을 당하거나, 상처를 입은 적이 단 한 번도 없다"고 덧붙인다. 그동안 해오던 방식이 자신에게 편리하고, 유익하기에 위험에 노출되더라도 계속 그 방식을 고수하겠다는 말이다. 한 마디로 인간의 본성에 충실하게 지금처럼 앞으로도 행동하겠다는 것이다. 이는 너무나 위험한 생각이다. 불안전한 행동을 계속한다는 것은 사고의 가능성을 계속 짊어지고 가겠다는 말이다. 위험에 대한 노출은 사고로 이어질 가능성을 높인다. 사고는 불안전한 행동으로 초래되는 결과고, 1%의 가능성에 의해서도 발생할 수 있는 것이기 때문이다.

산업 안전의 선구자로 유명한 윌리엄 하인리히는 불안전한 행동 하나가 300번 반복되면 29건의 경미사고가 발생하고, 결국 1건의 중대사고가 발생한다는 300:29:1의 법칙, 하인리히 법칙을 주장했다. 하인리히 법칙을 고려할 때, 불안전한 행동으로 지금까지 사고가 없었다는 것은 지금 당장 사고가 발생해도 전혀 이상하지 않다는 의미이기도 하다. 그리고 불안전한 행동이 계속된다면 미래의 안전을 담보할 수 없다는 말이 된다.

  근로자의 안전을 위해서라도 불안전한 행동은 반드시 개선해야 한다. 이를 위해 작업현장에서 근로자의 본성 즉, 편익을 부추기는 인간의 심리와 인식을 이해하는게 꼭 필요하다.

1 │ 위험을 통제할 수 있어요

  안전문화 컨설팅을 진행하는 과정에서 반드시 하는 활동 중 하나는 근로자와의 인터뷰다.

  현장에서 일하는 근로자들과 인터뷰를 진행해 보면 얼마든지 자신을 보호할 수 있다는 자신감을 확인할 수 있다. 위험을 얼마든지 통제할 수 있다는 자신감이다. 이 자신감의 배경에는 근무경력도 한몫한다. 그동안 다칠 뻔한 상황에 여러 차례 직면했지만 잘 통제해서 크게 다친 적이 없다는 것이다. 위험을 스스로 통제할 수 있다는 자신감은 불안전한 행동을 계속하게 하는 이유가 된다.

2 | 위험은 친숙해요, 걱정하지 마세요

　높은 곳이 작업장인 사람들이 있다. 고층 빌딩의 유리창을 청소하는 사람, 케이블카의 케이블을 설치·보수하는 사람, 그리고 공장의 지붕이나 높은 설비에 올라가 정비하는 사람들이 대표적이다. 이들은 항상 추락의 위험을 안고 일한다. 매일 위험에 노출되다 보니 위험을 저평가하는 경향이 있다. 이 정도 위험은 위험도 아니라며 걱정하지 않아도 된다는 말을 입에 달고 산다. 위험에 친숙해질 대로 친숙해진 것이다. 친숙함은 위험을 위험으로 간주하지 않게 만들어 불안전한 행동을 계속하게 만드는 또 다른 이유가 된다.

3 | 당장 뭔 일 생기겠어요

　대규모 인명사고의 공통점을 아는가? 그것은 장기간 위험을 방치하거나, 안일한 생각 때문에 발생한 사고라는 것이다. 1994년 10월 성수대교 붕괴사고, 1995년 6월 삼풍백화점 붕괴사고, 2019년 2월 브라질 댐 붕괴사고, 2021년 6월 플로리다 아파트 붕괴사고, 2023년 4월 인천 지하주차장 붕괴사고까지 과거와 현재, 국내와 국외를 가리지 않고 거의 매년 무너지지 않을 것 같은 건물들이 붕괴하고 있다. 일부는 부실공사에 기인하기도 했지만, '건물이, 다리가 혹은 댐이 쉽게 무너지겠어?', '당장 무슨 일이 생기겠어?'라며 위험한 상태에서도 무리하게 작업을 진행했거나, 위험을 그대로 방치해서 생긴 사고들이다. 사고는 먼 미래의 일이라는 안일한 생각, 즉, 사고에 대한 장기성의 인식은 위험을 방치하기도 하지만 불안전한 행동을 계속하게 하는 이유이기도 하다.

4 | 다쳐봐야 얼마나 다치겠어요

작업장에서 빈번하게 발생하는 사고 중 하나는 사다리에서 작업하다가 떨어지는 추락사고다. 사다리 위에서 작업할 경우, 근로자가 작업하는 높이는 2m를 넘지 않는다. 그러다 보니 근로자들이 불안전한 상태에서 작업하는 것을 아무렇지 않게 여긴다. 사다리 위에서 작업하는 근로자는 대부분 안전모를 쓰지 않고, 안전고리도 제대로 걸지 않은 상태에서 최상부 발판 위에 올라서 작업한다. 이러한 모습을 현장에서 보는 것은 어렵지 않다. 근로자 대부분이 사다리에서 떨어져 봐야 얼마나 다치겠냐는 생각에서 행하는 불안전한 행동이다.

안타까운 사실은 사다리에서 작업하다 떨어지는 사고가 3대 사고 유형_{추락사고, 끼임사고, 부딪힘사고}에 들어간다는 것이다. 그만큼 산업현장에서 빈번하게 일어난다_{심지어 근로자가 사망한 사고도 적지 않다.}

2024년 1월 고용노동부가 보도한 자료에 따르면 사다리 작업 중 중대재해사고로 이어져 부상 또는 사망한 사람이 최근 5년간 200명에 달한다는 통계도 있다. 1년에 약 850명이 작업 중 사고로 사망하는 현실을 고려한다면 사다리 작업 중 부상을 당하거나 사망한 사람의 수는 결코 경시할만한 수준이 아니다.

  2023년 12월에는 설비 위의 이물질을 제거하기 위해 A자형 사다리를 올라가던 근로자가 2m 아래 바닥으로 떨어져 사망했으며, 2024년 1월에는 크리스마스 장식을 제거하기 위해 사다리 위에서 작업하던 근로자가 1m 아래 바닥으로 떨어져 사망한 사고도 있다. 작업하는 곳이 높지 않다고 결코 경시해서는 안 된다는 경각심을 일깨워 주는 사고들이다. '여기서 사고가 발생해 봐야 얼마나 다치겠어?'라는 인식, 사고결과의 경미성으로 인해 수많은 근로자가 행하는 불안전한 행동이다.

5 | 난 아닐 거예요

  사고확률이 마른하늘에 벼락을 맞는 것보다 적다는 인식이 근로자들 사이에서 암묵적으로 뿌리 깊게 자리 잡고 있다. 일반적으로 사고의 확률이 1/400000 정도 된다고 하니 정말 낮긴 하다. 그러나 산업현장에서 일어나는 사고는 절대 적지 않다.

  고용노동부가 집계하는 산업재해 현황을 살펴보면 2023년 한 해 동안 재해자가 13만 6,796명이며, 재해율은 0.66%다. 이런 결과에도 불구하고 근로자들은 '난 아닐 거야', '남의 이야기다'며 불안전한 행동을 서슴없이 행한다. 사고의 확률과 재해율이 낮다고 할 수 있겠지만, 사고 대상이 바로 자신이 되면 그 확률은 1/1, 재해율은 100%다. 사고

확률이 낮다고, 사고를 남의 일처럼 여기는 안일한 생각이 불안전한 행동을 지속하게 만드는 또 다른 이유다.

6 | 일정을 맞추기 위해선 어쩔 수 없어요

근로자들이 현장에서 일하는 모습을 보면 그렇게 바쁠 수가 없다. 생산라인의 근로자는 컨베이어벨트를 타고 오는 제품에 자신이 맡은 일을 정해진 시간 안에 수행해야 하고, 부품을 나르는 운반자는 생산라인의 근로자들에게 부품을 조달해야 한다.

만약, 컨베이어벨트의 제품을 잠시 놓치기라도 한다면 다음 공정으로 넘어가기 전 무리해서라도 제 역할을 다하기 위해 불안전 행동을 서슴없이 행할 것이다. 부품을 나르던 운반자는 한 번에 여러 대차_{부품을 이동하는 운반기구}를 끌고, 빠른 조달을 위해 공장을 뛰어다니기도 하며, 심지어 가동 중인 컨베이어벨트 위를 무단으로 넘어 다니기도 한다. 모두 자신 때문에 생산에 차질이 생기는 것을 막기 위해서 하는 규정 위반 행위로, 불안전한 행동이다. 근로자는 안다. 자기 행동의 잘못됨과 그러한 행동이 자신을 사고 위험 속으로 노출시킨다는 것을 말이다. 그럼에도 그들은 '납품 기일을 맞추기 위해선 어쩔 수 없다', '라인이 멈추면 큰일 난다'며 불안전한 행동을 한다.

이처럼 안전보다 생산과 품질이 우선되는 분위기 또한 불안전 행동의 원인 중 하나다.

7 | 모두가 그렇게 일하고, 관리자도 신경 쓰지 않아요

한 공정라인에서 2층에 있는 설비의 밸브가 오작동하는 것을 발견했다. 운영자가 유지보수를 위해 엔지니어를 불렀다. 엔지니어가 도착해 보니 오작동하는 밸브가 지면으로부터 3m 높이에 있었다. 그러나 보수해야 하는 설비 바로 옆은 1층 바닥이다. 1층 바닥까지의 높이는 무려 6m나 되었고, 설비 옆에는 근로자의 추락을 방지하기 위해 1m 높이의 안전 난간대가 설치되어 있었다. 엔지니어가 만약 밸브 작업을 하다가 떨어지게 되면 큰 부상을 입을 수 있는 상황이었다.

하지만 엔지니어는 아무렇지도 않은 듯 A형 사다리를 가져와 밸브 보수작업을 하기 시작했다. 그 모습을 설비 운영자가 보고 있었지만 어떠한 조치도 하지 않았다. 이를 지켜보던 필자는 작업 중인 엔지니어를 사다리 아래로 불러 추락의 위험이 있으니 안전고리를 걸어 작업했으면 좋겠다고 말했다.

근로자는 '모든 엔지니어가 다 이렇게 일한다'며 작업을 계속 진행했다. 그러면서 '운영자도 아무런 얘기를 하지 않는데, 왜 당신이 간섭하느냐'라는 표정을 지었다.

조직 내 엔지니어들의 잘못된 행동이 규범이 되어 나타나는 대표적인 사례라고 할 수 있다. 사람은 집단의 압력으로 자신의 생각이나 행동을 바꾸려는 심리가 있다. 이를 심리학에선 '동조'라 부른다. 잘못된 조직의 규범은 근로자의 불안전 행동을 부추기는 이유 중 하나다.

•• 불안전한 행동을 예방하는 방법

　근로자의 불안전 행동을 바꾸기 위한 전통적인 접근법은 공학적 대책_{LOTO, Lockout, Tagout, 안전 펜스, 레이저 빔 등}으로 물리적 환경을 바꾸는 방법, 근로자 대상의 안전교육과 정보를 제공하는 방법, 각종 안전 캠페인과 징계를 통해 강제로 준수하게 만드는 방법들이다. 이러한 전통적 접근법은 단기적인 성과를 내기는 하지만 장기적으로 볼 때는 완전한 성공을 이끌긴 어렵다. 이제 근로자의 불안전 행동을 멈추게 하는 다양한 접근법_{전통적인 접근법을 포함}에 대해 살펴보자.

1 | 공학적 대책

　공학적 대책은 잠재적 위험을 제거하거나, 물리적 제어를 통해 근로자의 불안전한 행동 가능성을 제한하는 가장 효과적인 방법으로 알려져 있다. 이 때문에 많은 기업이 공학적 대책을 선호한다. 하지만 안타깝게도 공학적 대책을 실행할 기회는 그렇게 많지 않다. 그린필드에 새로운 공장을 짓거나, 새로운 설비를 설치할 때로 거의 한정되기 때문이다. 이는 사실 현재 사용 중인 공장이나 설비가 노후화됐다는 것을 의미하기도 하는데, 이 경우 경영진은 새롭게 공장을 짓거나, 설비를 교체하는 대신 안전 펜스나 자동 차단을 위한 잠금장치 설치를 훨씬 더 선호하는 경향이 있다. 비용이 훨씬 저렴하기 때문이다. 공학적 대책은 앞서 언급했듯 근로자의 행동을 억제하는 긍정적인 효과가 있다. 하지만 행동 억제에 항상 성공하는 것은 아니다. 인간이란 언제든지 펜스를 넘어가거나, 안전장치를 해제하는 등 공학적 대책을 무시할 수 있는 능력을 갖춘 존재이기 때문이다.

실제 공학적 대책을 무시하는 모습들이 산업현장에서 종종 발견된다. 그리고 가동 중인 설비에 근로자가 진입하는 것을 막기 위해 설치한 잠금장치를 체결하지 않은 채 그대로 두기도 한다. 언제라도 문제가 생기면 최대한 빨리 들어가 문제를 해결하기 위함이다. 각종 안전조치를 너무나 쉽게 극복하는 모습, 설비 접근 방지를 위해 설치한 잠금장치를 풀어 놓은 모습을 산업현장에서 발견하는 것은 결코 어려운 일이 아니다. 이러한 사례들을 볼 때, 공학적 대책이 제대로 효과를 발휘하기 위해서는 근로자들의 규칙 준수가 전제되어야 한다. 이를 다른 말로 표현하면 근로자의 규칙 준수가 제대로 이뤄지지 않으면 공학적 대책의 효과는 담보되지 않는다는 것이다.

2 | 근로자의 태도 변화 대책

사고가 발생하면 기업은 사고 발생의 원인을 조사하고, 재발 방지를 위한 대책을 담은 사고조사 보고서를 작성해야 한다. 기업이 보관하고 있는 사고조사 보고서를 분석해 보면 가장 많이 등장하는 문장이

'사고자가 더 주의했어야 한다'다. 즉, 사고자가 사고가 발생하기 전에 안전에 더 신경 쓰고, 주의했어야 한다는 말이다. 이러한 내용으로 가득 채워진 사고조사 보고서들은 안전에 대한 근로자의 태도가 불안전한 행동으로 나타난다는 강한 믿음에 기초하여 작성된 경우가 많다. 이 경우 사고를 일으킨 사람을 비난하고, 질책하는 분위기가 기업 전반에 만연한 것이 특징이다. 이 기업들의 안전관리 특징은 사람들의 태도를 바꾸기 위한 대책으로 가득 차 있다. 안전교육, 안전 정보 제공, 안전 홍보와 캠페인, 페널티 제도가 대표적이며, 기업은 여기에 크게 의존하는 경향이 있다.

❶ 태도 변화를 통한 행동 변화

안전에 대한 긍정적인 태도가 매우 중요하고, 바람직하지만 태도가 100% 행동으로 이어진다는 보장은 없다. 그 이유는 태도가 '생각'과 '느낌', '평가'와 '선택'이라는 4가지 구성요소로 이뤄지기 때문이다.

4가지 구성요소 중 하나라도 충족되지 못하면 행동으로 나타나지 않는다. 또한 안전에 대한 태도는 개인이 가지고 있는 삶에 대한 태도와도 연관된다. 따라서 태도 변화를 통해 행동 변화를 이끌어내기 위해서는 태도를 구성하는 4가지 구성요소를 모두 충족시켜야 하고, 개인이 가진 삶에 대한 태도까지 변화시켜야 한다는 어려운 문제에 직면하게 된다.

❷ 행동 변화를 통한 태도 변화

그렇다면 행동 변화를 통해 태도 변화를 이끌어내는 것은 어떨까? 결론을 미리 말하자면 태도 변화를 통해 행동 변화를 이끄는 것보다 훨씬 쉽다. 이를 입증하는 글로벌 기업의 어느 한 회사에서 진행한 '안전벨트 착용 실험'이 있다. 기업은 사내에서 차량을 모는 모든 운전자가 안전벨트를 착용하길 원했다. 이를 위해 어떤 방법이 좋을까 고민하다 두 가지 실험을 진행했다. 하나는 안전벨트 착용에 대한 홍보와 교육이었고, 다른 하나는 안전벨트 착용 여부를 단속해 처벌하는 것이었다. 전자는 태도 변화를 통한 행동 변화 캠페인이며, 후자는 행동 변화를 통한 태도 변화 캠페인이었다. 먼저 기업은 태도 변화를 통한 행동 변화를 위해 안전벨트 착용 홍보영상을 만들었다. 그리고 일정 기간 사내에 차를 가져오는 운전자들은 그 영상을 시청해야만 출입할 수 있게 했다. 추가로 안전벨트 착용 여부를 숨어서 관찰하기도 했다. 첫 번째 실험은 완전히 실패였다. 93%의 운전자가 여전히 안전벨트를 착용하지 않았다. 대부분의 운전자가 영상 속 메시지_{안전벨트 착용}를 무시하거나, 경시한 것이다. 기업은 일정 기간 안전벨트 착용 여부를 단속하는 두 번째 실험을 진행했다. 안전벨트를 착용하지 않은 운전자에 대한 처벌은 당일 사내 진입금지였다. 단속 첫날 대부분이 안전벨트를 착용하지 않아 차량 진입을 금지당했다. 단속 2일 차, 안전벨트 미착용으로 단속된 차량은 첫날에 비해 60% 감소, 3일 차에는

90%까지 감소, 4일 차에는 대부분의 운전자가 안전벨트를 착용했다. 출입금지를 당한 운전자는 겨우 5건에 불과했다. 단속 캠페인은 예정된 기간에 계속되었다. 캠페인이 끝나고 7일 후 안전벨트 착용 여부를 숨어서 관찰했더니 착용률이 여전히 82%에 달했다. 캠페인이 끝났음에도 벨트 착용률이 높은 수준에서 유지된 이유가 뭘까? 실험을 진행한 안전관리 담당자는 궁금했다. 사내 차량 운전자를 대상으로 무작위로 인터뷰를 진행했더니 안전벨트 착용에 대해 태도가 '부정'에서 '긍정'으로 상당수 바뀐 것을 확인할 수 있었다.

어떻게 이런 일이 일어났을까? 심리학자들은 주장한다. 인간은 어떤 이유_이유가 무엇이든 상관없이_에 의해 의식적으로 행동을 바꾸게 되면, 새로운 행동에 맞게 자신의 태도와 신념 체계를 재조정하는 경향이 있다고. 행동 변화는 새로운 신념과 태도를 형성한다는 주장이다. 그리고 꼭 덧붙이는 말이 있다. 변화된 행동과 태도를 유지하기 위해서는 지속적인 관리가 필요하다고 말이다. 지속적인 관리가 이뤄지지 않으면 언제라도 다시 이전의 상태로 돌아갈 위험이 있는 것이 바로 행동이다.

❸ 조직 규범을 활용한 태도와 행동 변화

행동에 초점을 맞춰 태도와 행동을 변화시키는 대책 중 또 다른 방법은 '조직 규범_Organizational norms_'을 활용하는 것이다. 심리학자들은 이를 규범에 대한 '순응_Adaptation_'으로 설명한다. 즉 인간은 사회적 동물이기 때문에 사회의 구성원으로 계속 남아 있고자 집단의 행동과 태도를 따르려 하는 경향이 있다는 것이다.

근로자가 소속된 집단이 안전을 매우 중요하게 생각하고, 모든 행동에 있어 최우선 규범으로 간주하면 개인이 가진 안전에 대한 잘못된 태도와 행동을 조직에 맞춰 스스로 바꾸게 되는데, 이는 안전행동을 확산하고, 유지하는 데 있어 매우 중요한 열쇠가 된다. 기업의 모든 조직이 안전을 최상위 규범으로 간주하게 된다면 건전하고, 건강한 안전문화 실현에 훨씬 가까워지게 되기 때문이다.

3 | 징계와 처벌 대책

안전관리에 있어 기업이 가장 많이 활용하는 접근법 중 하나는 징계Disciplinary action와 처벌Penalty이다. 앞서 한 회사가 안전벨트 착용 실험을 했던 것처럼 인간이 가진 부정적 심리인 두려움을 이용하는 것으로, 관리 중심의 이 접근법은 규정 위반과 불안전한 행동을 억제하기 위해 사용된다. 하지만 정情을 매우 중요하게 여기는 우리나라의 정서상 제대로 활용되지 못하는 경우가 많다. 그 결과 규정 위반과 불안전한 행동을 억제하려는 의도와 달리 반대된 결과를 낳기도 한다. 작업장의 위험 행위에 대한 보고누락 등 발생한 사고에 대해 의도적으로 보고하지 않는 것이 대표적이다. 징계와 처벌을 제대로 사용하기만 하면 규정 위반과 불안전한 행동을 억제할 수 있다. 하지만 그렇지 못한 경우가 종종 생기는 이유는 다음과 같다.

❶ 일관성을 유지하기 힘들다

　징계와 처벌은 규정을 위반하거나, 불안전한 행동이 발생할 때마다 주어져야만 효과가 있다. 누군가가 규정을 위반하고, 불안전한 행동을 했음에도 불구하고, 이에 대한 징계와 처벌이 이뤄지지 않게 되면 그 효과는 발생하지 않는다. 게다가 '누구는 되고, 누구는 안된다'며 차별에 대한 또 다른 문제가 발생할 수도 있다 공정성의 문제. 사실 리더가 모든 규정 위반 행위와 불안전한 행동을 발견하는 것은 거의 불가능하기에 징계와 처벌에 대해 일관성을 유지한다는 것은 너무나 어렵다.

❷ 심리적 불안감을 유발한다

　규정에 대한 위반과 불안전한 행동을 억제하는 게 목적인 징계와 처벌 행위는 근로자에게 상당한 불안을 유발할 수 있고, 심리적 불안감은 더 큰 위험을 야기할 수 있다.

❸ 새로운 행동을 장려하지 못한다

　징계와 처벌은 위반 행위와 불안전한 행동에 집중하게 만든다. 그 결과 건전하고, 건강한 안전문화를 위한 새로운 행동을 장려하는 데 한계가 있다.

4 | 칭찬과 보상

앞서 언급한 대책_{공학적 대책, 근로자의 태도 변화 대책, 징계와 처벌 대책}들은 불안전한 행동을 타깃으로, 행동 억제가 목적이다. 그러다 보니 안전을 위해 현재 잘하고 있는 행동, 혹은 새로운 행동을 장려하는 데 한계가 있다. 이를 보완하고자 마련한 대책이 칭찬과 보상이다.

먼저 칭찬의 효과에 대해 알아보자. 대부분은 어떤 행동을 했을 때 칭찬을 들으면 그 행동을 더 많이 하려는 경향을 보인다. 멀리서 예를 찾을 것 없다. 우리의 자녀에게서 찾을 수 있다. 아이가 책 읽는 모습을 보고 그 모습이 기특해서 부모가 칭찬하게 되면 아이는 부모의 칭찬을 더 듣기 위해 더 자주 책 읽는 모습을 보여주려 한다. 근로자도 마찬가지다. 작업장에서 개인보호구를 제대로 착용하고 일하고 있는 근로자를 칭찬하면 그 근로자는 계속 보호구를 착용한다. 칭찬은 돈 들이지 않고, 안전한 행동을 유지하게 만드는 효과적인 대책이다.

다음은 보상의 효과에 대해 알아보자. 사람은 일정한 행동을 취하면 그에 부합되는 대가를 받고 싶어 한다. 한 달 동안 열심히 일한 대가로 월급이라는 보상을, 다른 누구보다 더 많은 성과를 만들어 냈다면 성과급이라는 보상을 받길 원하듯 말이다.

보상은 안전을 위해 새로운 행동을 장려하는 효과적인 대책 중 하나다. 다만, 새로운 행동이 일반적인 행동으로 완성됐을 땐 보상의 규모를 점점 줄여 반드시 중단해야 한다.

기대하는 보상 대비 지급되는 보상이 적게 될 경우, 오히려 부정적 효과를 낳을 수 있기 때문이다. 만약, 기대를 맞추려 한다면 기업이 지불할 비용은 기하급수적으로 커질 수 있다. 효용성이 크게 떨어지는 것이다.

지금까지 불안전한 행동을 예방하는 방법으로 공학적 대책, 근로자의 태도 변화 대책, 징계와 처벌 대책 그리고 칭찬과 보상 대책까지 다양하게 살펴보았다. 각 대책이 가진 장단점을 간단히 정리하기도 했다. 결론은 그것이 무엇이든 하나의 대책으로 산업현장에서 나타나는 불안전한 행동을 제거하고, 안전한 행동으로 가득 채우는 것은 거의 불가능하다는 것이다. 공학적 대책부터 칭찬과 보상 대책까지 적절히 사용할 때 실현 가능성을 높일 수 있다. 이를 위해서는 리더의 역할이 중요하다. 배려심이 넘치면서도, 행동을 통제하는 균형 잡힌 안전리더십이 필요하다.

•• 안전행동 실현

태도의 변화가 행동 변화로 이어지지는 않지만, 행동 변화는 태도 변화로 이어진다. 이를 감안할 때 원하는 변화를 가져오기 위해서는 태도보다 행동에 집중하는 것이 훨씬 효과적이고, 합리적이다. 그리고 규율 대신 사회적 인증과 격려를 잘 활용하면 조직의 안전 규범에 긍정적인 변화를 가져올 수 있다. 근로자는 회사의 안전성과에 가장 큰 영향을 미치는 주체피해자로서 또는 피의자로서다. 동시에 현장에서 나타나는 모든 행동불안전한 행동, 안전한 행동의 주체이면서 행동 통제의 대상이기도 하다.

따라서 현장에서의 안전행동 실현은 결국 근로자에게 달려 있다고 할 수 있다. 그러나 많은 기업이 여전히 환경보건안전EHS조직과 그 인력에 과도하게 의존하는 경향이 있다.

이러한 구조로는 사고 없는 일터, 모두가 안전행동을 실천하며 동료를 살피는 건강하고, 건전한 안전문화를 실현하기 어렵다. 최소한 현장관리자가 핵심 인력으로 참여해 행동 변화를 촉진하는 역할을 수행해야 하며, 이를 통해 근로자가 변화의 주도적 주체가 될 수 있도록 해야 한다. 그래야만 근로자 스스로 자신의 행동이 안전한지 불안전한지를 모니터링하고, 안전행동을 습관화할 수 있기 때문이다필요조건 : 모니터링 중 드러난 잘못된 행동에 대해 절대 비난하거나, 징계하지 않는다는 약속과 그 약속의 이행, 비난하지 않는 기조 조성.

•• 행동관리로 기대되는 효과

행동을 중심으로 한 안전관리 방법과 관련해 많은 기업이 다소 의문을 가지고 있는 것이 사실이다. 국내 일부 기업이 BBS를 도입, 운영해 보았으나, 소기의 성과를 거두지 못했기 때문이다. 하지만 필자가 감히 말하는데 근로자의 행동을 중심으로 한 안전관리 방법은 그 어떤 방법론보다 효과적이다.국내 대형장비 제조업을 대상으로 한 컨설팅, 베트남에서 전자기기 제조기업을 대상으로 한 컨설팅 등에서 이를 직접 입증했다.

그 효과를 입증한 이는 필자만이 아니다. 많은 행동 심리학자와 안전 컨설턴트가 기업의 규모와 상관없이 행동을 중심으로 한 안전관리 연구 및 컨설팅으로 그 효과성을 입증했고, 지금도 하고 있다. 건설을 비롯해 금속 제조, 기계 및 장비 제조, 석유화학 제품 제조, 조선 및 해양 설비 제조 심지어 식품 제조기업까지 다양하다.

필자BBS, Behavior-based Safety 방법론 활용를 비롯해 많은 행동 심리학자와 안전 컨설턴트가 행동을 중심으로 한 안전관리 방법을 적용해 얻은 공통적인 효과들은 다음과 같다.

● **행동관리를 통해 얻게 되는 조직 측면의 효과**
- 안전 성과 향상 : 중대재해/근로손실 사고, 사고율 감소
- 안전 활동 향상 : 위험발굴 건수 및 안전조치율 증가
- 사고비용 대폭 절감 : 직접비용 및 간접비용 절감
- 경영진의 참여 및 커뮤니케이션 개선
- 조직간 협력 제고 및 조직 분위기 개선
- 안전관리시스템 작동성 개선

> ● **행동관리를 통해 얻게 되는 인적 측면의 효과**
> • 안전에 대한 책임의식 강화
> • 안전에 대한 근로자의 의식 및 행동 개선
> • 안전에 대한 개인의 책임감 제고
> • 기업의 안전경영에 대한 신뢰감 및 자부심 향상

근로자의 행동을 타깃으로 안전관리를 하게 되면 조직과 개인 모두에게 많은 긍정적인 효과를 만들 수 있다_{단, 점진적이고, 지속적인 추진이 전제되어야 한}다. 필자는 근로자의 행동 변화를 이끄는 데 최소 6개월이 걸렸으며, 안전행동이 조직 규범으로 자리 잡는데 3년이라는 시간이 필요했다.

●● 행동기반 안전관리BBS 운영절차

국내에서는 아직도 BBS 방법에 대해 의구심을 가진 분위기다. 이는 국내에서 이름만 말하면 알만한 기업에서 운영했을 때도 성공하지 못했다는 부정적인 소문이나 인식 때문이다. 단순히 소문을 근거로 효과가 입증된 방법을 저평가해선 안 된다. 미국, 영국, 스칸디나비아, 이스라엘 그리고 국내의 기업들이 그 증거다. 그리고 많은 기업이

BBS 방법을 운영하면서 소기의 성과들을 만들어 가고 있다.국내에서 도입해 성과를 얻지 못했던 기업의 특징은 컨설팅 기관에 지나치게 의존하거나, 운영 기간도 짧은 등 다양한 이유에 의해 제대로 운영되지 못했다. BBS를 제대로 운영하기 위해서는 몇 가지 절차가 필요하다. '변화를 위한 전략 수립', '변화를 위한 행동 정의', '변화를 위한 계획 실행' 마지막으로 '변화에 대한 모니터링과 피드백'이다.

행동기반 안전관리BBS **운영 절차**

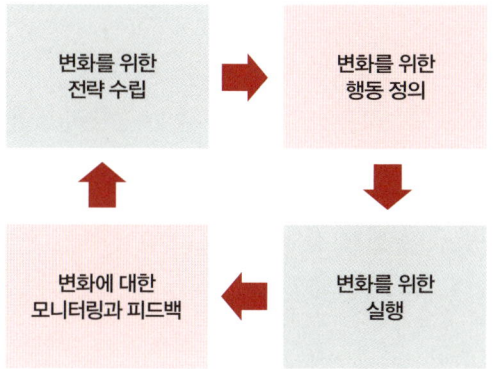

이제 BBS의 도입과 운영으로 조직적·개인적 효과를 얻기 위해 절차별로 무엇을, 어떻게 해야 하는지 자세히 설명할 것이다. 설명 과정에서 BBS 효과에 대한 의구심 해소를 위해 행동 심리학자, 안전 컨설턴트의 연구사례 그리고 필자의 경험을 덧붙여 이해를 돕고자 한다.

02

행동기반 안전관리 Ⅰ
변화를 위한 전략 수립
Safety Behavior

 기업의 모든 활동이 그렇듯 행동기반의 안전관리BBS를 성공적으로 추진하기 위해서는 전략이 필요하다. 기업 전반에 걸쳐 추진할지 아니면 사업 단위별로 추진해 점진적으로 기업 전체로 확대해 나갈 것인지를 결정해야 한다. BBS 추진 범위에 따라 참여조직의 규모, 실행에 필요한 관리조직안전환경부서, 투입 자원인력, 자본, 장비 등이 결정되기 때문이다. 따라서 BBS 추진 전에 적용 범위를 반드시 결정해야 한다.

 사전 결정 없이 프로그램을 추진하게 되면 특정부서로 프로그램 대상이 한정되고, 기존의 안전환경 조직과 인력으로만 운영하다가 각종 문제와 어려움에 직면해 프로그램 자체를 중단해야 하는 일이 생길 수 있다. 추진 규모에 대한 사전 결정 없이 프로그램을 추진했을 때 발생하는 대표적인 두 가지 문제에 대해 살펴보자.

첫째, 참여조직을 특정부서로 한정해서 생기는 어려움과 문제다. 일부 기업의 경우 BBS 도입과 운영을 사고가 잦은 특정부서로 한정하거나, 사무부서를 아예 배제하고 생산부서에 국한하여 진행하는 경우가 있다. 효율적으로 운영하고자 하는 기업의 입장은 충분히 이해된다.

그런데 문제는 이로 인해 참여하게 된 부서들은 특별관리 대상이 되었다는 부정적 인식이, 참여하지 않는 부서는 소외되었다는 부정적 인식이 형성돼 기업 분위기를 해치는 결과를 초래할 수 있다는 사실이다. 실제 프로그램 대상이 된 부서를 바라보는 타부서의 시선이 곱지 않았던 경우가 있었고, 참여 대상이 아닌 부서의 경우 기업활동에 대해 무관심으로 일관하는 모습을 보이기도 했다.

둘째, 기존의 조직과 인력만으로 진행하다 생긴 어려움에 대한 문제다. 기업은 최소한의 투자로 최대의 효과를 얻으려 한다. 이러한 이유로 많은 기업이 기존의 조직과 인력을 그대로 활용하는 경우가 있다. 문제는 여기서 생긴다. 기존의 업무도 수행하면서, BBS라는 업무까지 추가로 수행하니 제대로 운영되지 못하는 것은 너무나 당연하다.

행동변화 전략 수립 단계에서 이뤄지는 적절한 조직 구축과 인력 구성은 앞서 설명한 어려움과 문제를 해결하는 데 도움이 된다. 또한 조직간 커뮤니케이션 시스템 개선이 이뤄져 안전 이외의 영역생산 및 품질영역의 성과 창출에도 기여하는 긍정적인 효과를 만들 것이다.

변화를 위한 조직 구성과 역할 정의

BBS 추진 범위가 결정됐다면 체계적인 운영과 관리를 위한 전담조직이 필요하다. 단순히 전담조직을 만드는 것이 아니라 운영에 필요한 역할을 할 수 있는 역량을 갖춘 인력과 적정 인원으로 구성되어야 한다. 지금부터 변화를 위한 조직 내 역할을 중심으로 필요 역량과 적정 인원에 대해 살펴보자.

1 | 프로그램 총괄자

프로그램 총괄자는 BBS 추진을 위한 리더십 방향을 제시하고, 지속적인 지원과 가시적인 성과를 창출하는 역할을 담당하므로 기업의 전반적인 안전을 책임지고 있는 최고 안전 책임자 CSO, Chief Safety Officer 가 맡는 것이 가장 좋다.

그 이유는 첫째, 기업의 최종 의사결정자인 최고 경영자 CEO, Chief Executive Officer 에게 쉽게 접근 가능하기 때문이다. 둘째, 기업의 다양한 자원 사용에 대한 권한을 가지고 있기 때문이다. 셋째, 기업의 모든 부서를 참여시킬 수 있는 강력한 힘을 가지고 있기 때문이다.

예를 들어 프로그램 총괄을 CSO가 아니라 안전환경을 담당하는 부서장 실장, 센터장 이나 팀장이 맡아 진행하고 있다고 가정해 보자, 이들은 BBS의 추진 대상인 사업부의 담당 임원에 비해 가지고 있는 지위와 권한이 작다. 이에 사업부 담당 임원의 참여와 헌신, 협조를 요청하기가 쉽지 않다. 어렵게 요청에 성공하더라도 그들이 거절이라도 하게 되면, 난처해진다.

또한, BBS를 추진하는 과정에서 자본 지출이 필요한 각종 요구와 제안을 받게 되는데, 이때 자원 사용에 대한 권한의 한계로 제때 지원하지 못하는 일이 생길 수 있다. 그 결과 조직과 근로자들의 참여와 헌신 그리고 관심을 이끌어 낼 수 없게 된다.

이러한 이유로 인해 프로그램 총괄은 가급적 CSO가 맡는 것이 바람직하다. 만약 상황이 안된다면 그에 준하는 권한을 프로그램 총괄자에게 부여해야 한다.

실제로 일부 기업의 경우 프로그램 총괄자를 안전조직의 팀장이나 담당자에게 맡기기도 하는데, 앞서 언급한 이유로 프로그램 운영을 힘들어했으며, 정착시키는 데에도 어려움을 겪었다.

2 | 프로그램 기획자

BBS는 안전에 대한 태도와 행동을 바꾸는 목적도 있지만, 안전문화의 변화라는 목적도 가지고 있다. 따라서 변화를 위한 조직에 문화적 관점에서 기획할 수 있는 인력이 필요하다. 이는 아무나 할 수 있는 것이 아니다. 기업의 정책을 이해하고, 정책을 제대로 전달할 홍보방안을 기획할 수 있는 역량을 갖춰야만 한다. 기업의 안전환경을 담당하는 부서장이나 팀장을 필두로 기업의 홍보를 담당하는 인력을 지원받아 최소 2~3인으로 구성된 기획인력이 있는 게 좋겠다.

만약, 홍보팀의 인력 지원이 어렵다면, 홍보팀과의 원활한 협력체계를 사전에 마련할 필요가 있다. 안전인력만으로는 분위기를 조성하거나 참여를 이끌어낼 수 없기 때문이다. 실제 기업 중 일부는 안전에 대한 홍보는 홍보팀에서, 안전활동은 안전환경팀에서 각각 독자적으로 운영해 시너지를 내지 못하고 정착에도 실패했다.

3 | 프로그램 조정자

BBS 도입에서 가장 큰 저항이 예상되는 주체는 누굴까? 산업현장에서 나타나는 모든 행동의 주체인 근로자다. 실제로 산업현장에 나가 근로자의 행동을 관찰하고, 교정하는 과정에서 경험하는 저항들이 몇 가지 있다.

'도대체 뭐하는 거냐?', '또 감시하는 거냐?', '누구의 허락을 받고 이러는 거냐?' 등 말로 끝나는 소극적 저항과, '여기서 당장 나가라!', '기록한 것 이리 내놔라!'라며 행동까지 이어지는 적극적 저항이다.

따라서 근로자의 행동이 타깃이 되는 BBS에 있어 프로그램 조정자의 역할은 매우 중요하다. 조정자의 역할을 가장 잘 수행할 수 있는 주체가 노동조합이다. 변화를 위한 조직 구성 시 노동자의 권익을 대변하는 노동조합의 참여는 매우 매력적이다.실제 국내 대형장비 제조기업 컨설팅을 진행하면서 노동조합 간부를 참여시켜 긍정적인 효과를 얻기도 했다. 노동조합의 참여가 어렵다면 그들과 적극적으로 소통할 수 있는 역량을 가진 사람을 조정자로 선정해 주기적으로 소통하는 것이 필요하다.

4 | 프로그램 지원자

아무리 좋은 전략도 현장에서 제대로 실행되지 않으면 어떤 변화도 일어나지 않는다. 따라서 변화를 위한 조직 구성에 있어 현장부서를 지원하는 인력은 꼭 필요하다. 많은 기업이 이를 간과하고 기존의 인력으로만 운영하다 보니 현장에 전파도, 방법론에 대한 교육과 활동에 대한 관리분석, 피드백도 제대로 이뤄지지 못하는 경우가 많다. 필자는 BBS를 전담할 조직에 사업부별로 교육과 관리, 지원을 담당할 인력을 두어 운영함으로써 현장의 높은 참여와 헌신을 이끌었고, 그 결과 BBS를 성공적으로 운영할 수 있었다.

BBS를 위한 조직 구성과 역할에 대해 정리하자면, 프로그램을 기획하고, 조정하며 지원할 수 있는 전담조직이 반드시 요구된다. 전담조직에는 최소 6명총괄 1명, 기획인력 2명 이상, 조정인력 1명, 지원인력 2명 이상이 필요하다. 일부 기업의 경우 전담조직을 떠나 한두 명에게 프로그램 운영을 전담시키기도 하는데, 이 경우 성공 가능성은 매우 낮아질 수밖에 없다.

•• 변화 실행을 위한 메커니즘 구축

근로자의 행동을 중심으로 한 안전관리에 있어 성공 여부를 결정하는 것은 현장 작동성이다. 아무리 좋은 프로그램을 도입해 운영해도 결국 현장에서 제대로 실행하지 못하면 소용이 없다. 그렇다면 현장에서 제대로 실행될 수 있도록 사전에 필요한 활동은 무엇일까?

바로 사업 단위의 최고 리더가 주관하는 회의운영위원회 그리고 전사 안전관리를 위해 구성한 안전위원회와 유기적으로 상호작용하는 것이다. 이를 위해서는 먼저 사업 단위 운영위원회, 전사 단위 안전위원회와의 실행 메커니즘을 구축해야 한다.

1 | 사업 단위 운영위원회와의 실행 메커니즘 구축

대부분 기업은 사업 단위별로 운영위원회를 정기적으로 운영한다. 이 운영위원회에는 사업 단위의 최고 리더가 회의를 주관하고, 사업 단위 내 모든 부서장이 참여한다.

운영위원회는 생산과 품질, 안전, 인사와 재무 등 경영현황 전반을 다룬다. 그렇기에 사업 단위에서 진행되는 운영위원회와 사전에 BBS를 위한 실행 메커니즘을 구축하게 된다면 다음과 같은 효과를 얻을 수 있다.

● **운영위원회와의 실행 메커니즘 구축 효과**
• 사업 단위의 최고 리더에게 행동관리를 위한 책임과 권한 위임 가능
• 사업 단위별로 쉬운 적용과 빠른 확산 가능
• 프로그램 운영에 필요한 정보 공유 및 관리 용이
• 사업 단위 및 부서별 경쟁 유도 가능

사업 운영위원회와 실행 메커니즘 구축 시 반드시 고려해야 할 점이 있다. 첫째, 운영위원회에 BBS 전담조직의 인력이 반드시 참여해야 한다. 사업 운영위원회 참여자들이 프로그램에 대한 이해가 낮을 시 활동에 대한 검토, 분석, 보완 등 안전행동관리가 제대로 이뤄질 수 없기 때문이다. 둘째, 현장관리자가 최소 1명 이상 참여해야 한다. 운영위원회에서 현장과 동떨어진 의사결정, 실현 불가능한 의사결정이 이뤄지는 것을 예방할 수 있기 때문이다.

대부분의 운영위원회에서 안전을 주제로 한 회의 비중이 매우 낮으며, 현황 검토에 국한된 경우가 많아 프로그램 운영에 도움이 되지 않는 경우가 많다.

2 | 전사 안전위원회와의 실행 메커니즘 구축

다음은 기업의 안전위원회와 실행 메커니즘을 구축하는 것이다. 기업의 안전위원회는 안전에 특화된 가장 전문적인 회의체며, 이미 모든

부서와 연계되어 있다는 장점을 활용할 수 있다. 이러한 장점은 BBS를 전사적으로 확대하고, 관리하는 데 있어 너무나 큰 매력이다.

> ● **안전위원회와의 실행 메커니즘 구축 효과**
> • 안전위원회의 전문성 활용 가능
> • 전사로 프로그램의 쉬운 적용과 확대 가능
> • BBS 활동에 대한 관리 용이
> • CEO의 참여와 관심 유도 및 유지 가능

안전위원회와 실행 메커니즘을 구축할 때 사전에 확인해야 할 점이 있는데 그것은 기존의 안전위원회가 얼마나 효과적으로 운영되어 왔는지를 보는 거다. 만약 기존의 안전위원회가 비효과적으로 운영되고 있다면, 실행 메커니즘 구축 전에 안전위원회의 책임과 역할을 재정립하는 과정이 선행되어야 한다. 그래야 안전위원회와 시너지를 낼 수 있다.

●● 변화를 위한 공감대 형성 및 공유

행동 변화를 위한 전략 수립단계에서 필요한 활동은 크게 세 가지다. 첫째, BBS 도입에 대한 공감대를 형성하는 것, 둘째, 변화를 위한 활동과 성과를 주기적으로 공유하는 것이다. 마지막 셋째, 산업현장에서 이뤄지는 현장 브리핑을 정례화 하는 것이다.

세 가지 활동이 필요한 이유에 대해 알아보자.

1 | 변화를 위한 공감대 형성

기업은 안전과 관련한 투자와 노력을 아끼지 않는다. 안전을 위해 새로운 설비와 장비를 도입하고, 외부로부터 다양한 점검과 컨설팅을 받으며, 내부적으로는 기회가 될 때마다 안전교육을 실시하고 현장을 점검한다.

이러한 노력에도 불구하고 사고가 줄기는커녕 오히려 늘어나고 있다. 이런 결과를 받아들여야 했던 기업은 안전을 위한 투자와 활동이 아무런 효과도 없다고 부정적으로 인식하기 시작했다. 부정적인 인식이 쌓여갈수록 새로운 뭔가를 도입하고, 시도하려 하면 회의적인 반응을 보이는 것은 너무나 당연한 현상이다.

이러한 상황에선 공감대 형성 활동이 매우 중요하다. 참여와 헌신에 영향을 미치기 때문이다. 공감대가 어느 정도 형성되고 나면 가능한 한 빨리 CEO를 중심으로 변화를 위한 추진과 실행을 공개적으로 선포하는 것이 좋다. 필자의 경우 안전 마인드 셋Safety mind-set 교육, 사업설명회Briefing 그리고 실천 서약Pledge of Practice을 한 프로그램으로 엮어 동시에 진행하는 것을 선호하는 편이다.

- **공감대 형성을 위해 공유해야 하는 정보**
  - 안전을 위해 추진해온 기업의 노력과 성과
  - 구성원의 참여와 헌신에 대한 감사
  - 행동을 관리해야 하는 이유 불안전한 행동과 사고와의 관계, 사고로 인한 손실, 프로그램 도입 효과 등
  - BBS로 달성하고자 하는 기업의 목표
  - BBS 전략 및 실행계획 공유
  - 전임직원의 참여 및 실천 서약

2 | 주기적인 활동 및 성과 공유

독일의 심리학자 에빙하우스는 1885년 출간한 《기억에 관하여》라는 책에서 인간의 기억과 망각에 대한 연구결과인 '에빙하우스의 망각 곡선 Ebbinghaus' forgetting curve'을 발표했다. 그의 연구에 따르면 인간은 학습 후 한 시간이 지나면 기억의 50%를 망각하고, 하루가 지나면 70%, 한 달 후 80%를 망각한다는 것이다. 이러한 인간의 기억력 한계를 극복하기 위해서는 반복적인 학습이 중요하다고 주장했다. 반복학습이 망각의 시간을 늦출 수 있다는 것이다.

그러나 많은 기업이 인간의 기억력을 과대평가해서인지는 모르겠지만, 기업의 비전과 미션, 핵심 가치에 대해 주기적으로 공유하지 않는 경향이 있다. 행동관리를 통해 사고 없는 일터를 만들겠다고 하면서 행동 변화의 주체라 할 수 있는 구성원에게 설명도 하지 않고, 공유하지도 않는 것이다. 그러면서 어떻게 참여와 헌신을 이끌 수 있을까?

행동 변화를 통한 안전 성과 창출은 변화의 주체인 근로자의 참여와 헌신 없이는 불가능하다. 따라서 행동관리활동과 그에 따른 성과를 주기적으로 공유하는 계획은 사전에 반드시 수립해야 한다. 기업을 연구한 행동 심리학자, 안전 컨설턴트들은 연 4회 이상의 공유를 권장하며 최소 2회는 공유해야 한다고 주장한다. 하지만 필자는 기업의 실정을 고려해 '안전 타운 홀 미팅 Safety town hall meeting'이라는 이름으로 연 2회 공유를 권장하는 편이다.

> ● **안전 타운 홀 미팅 시 공유해야 하는 정보**
> - **활동** : 참여율 및 안전대화 등록 현황
> - **성과** : 발굴한 위험과 조치현황, 개선된 행동, 사고 현황 등
> - **보상** : 부서/개인 우수자 포상 및 활동사례 공유 등

3 | 현장 브리핑 정례화

현장 브리핑은 행동 변화의 주체인 근로자가 있는 현장에서 이뤄지는 공유 활동으로 리더의 관심과 의지를 전달하고, 격려해 구성원의 지속적인 참여와 헌신을 이끌어내는 것이 목적이다. 따라서 현장 브리핑은 리더가 작업 현장을 방문해 구성원을 대상으로 지금까지의 활동과 진행 상황을 공유하고, 의견을 청취하는 활동이 필요하다. 이때 안전을 위해 관찰과 교정활동을 진행하는 현장 리더, 행동관리 코

치와 함께 진행한다면 더 효과적이다. 그렇다고 현장 브리핑을 위해 별도의 활동을 추가할 필요는 없다. 현재 운영 중인 안전 패트롤Safety Patrol을 활용하면 된다. 현장 브리핑 주기에 있어 행동 심리학자와 안전 컨설턴트들은 주 1회를 권장하는 편이지만 필자는 리더가 너무 자주 현장을 방문하는 것을 권장하지 않는다 경영진 월 1회, 부서장 월 2회. 현장 리더와 근로자가 스트레스를 받거나, 피로감을 느낄 수 있기 때문이다.

● **현장 브리핑시 공유해야 하는 정보**
- **관심과 의지** : 리더의 안전에 대한 관심과 의지 전달
- **활동** : 참여율 및 안전대화 등록 현황 등
- **성과** : 발굴한 위험과 조치, 개선된 행동, 사고 현황 등
- **격려와 칭찬** : 참여와 헌신에 대한 격려와 감사, 칭찬 등

∙∙ 변화를 위한 코치 선발 및 육성

사고는 현장에서 발생한다. 근로자가 현장에 있기 때문이다. 당연한 소리지만 사고를 일으키는 근로자의 불안전한 행동을 제거하고, 안전한 행동으로 바꾸기 위해서는 현장에서 행동을 관찰, 교정하는 활동이 이뤄져야 한다. 이에 적정 역량을 갖춘 충분한 인력이 필요하다.

1 | 코치 선발

　기업은 효율성 측면에서 안전환경 조직인력을 현장 안전을 위한 활동인력으로도 활용하는 경향이 있다. 문제는 안전환경 조직인력이 기업의 작업 현장이나 라인을 모두 커버할 수 있을 정도로 충분하지 않다는 것이다._{안전환경조직 중 안전을 담당하는 인력은 1~3인으로 운영되는 경우가 대부분이다.} 인력의 부족은 변화를 위한 추진력의 감소뿐만 아니라 변화를 억제하는 힘으로 작동하기도 한다. '오늘 재수가 없구나!', '있을 때만 하는 척하면 되지', '왜 나한테만 그래?' 등의 부정적 인식이 자리 잡게 만드는 원인이 된다. 이를 해결하기 위해서는 전략적 수립단계에서 작업장과 라인을 커버할 수 있는 충분한 인력이 필요하다.

　필자의 경우 행동관리를 위해 별도의 추가인력을 채용하기보단 근로자와 함께 생활하는 현장 리더를 BBS 코치로 임명해 운영하는 것을 지향한다. 그 이유는 근로자와의 관계, 기존의 인력 활용을 통한 추가 비용부담 감소 등 효용성이 높기 때문이다.

2 | 코치 육성

　코치는 네 마리의 말이 끄는 마차에서 유래했다고 한다. 1500년대 마차는 말 한 마리로 끄는 것이 보편적이었다. 이때 헝가리의 한 도시 'Kocs'에서 더 멀리, 더 빠르게 이동하기 위해 네 마리의 말로 끄는 마차를 생각했다. 그러나 네 마리의 말이 제각각 움직여 제대로 마차를 몰 수가 없었는데, 이를 해결하기 위해 마부는 네 마리의 말이 같은 곳을 향해 같은 보폭으로 움직일 수 있도록 말들의 행동을 조련했다. 그 결과 그 어느 마차들보다 더 멀리, 더 빠르게 이동하는 혁신을 이뤘다는 것에서 유래한 말이 코치다. 코치는 잘못된 행동을 바로잡는 사람이다. BBS의 코치는 현장에서 근로자의 행동을 관찰하고, 잘못된 행동을 올바른 행동으로 교정할 수 있어야 한다. 이것이 행동 변화를 위한 코치 육성 교육이 필요한 이유다.

● **코치로의 육성을 위한 주요 교육 내용**
- **지식 :** BBS에 대한 이해
- **역량 :** 불안전 상태 및 행동 관찰역량, 불안전한 상태를 조치하고 행동을 교정할 수 있는 커뮤니케이션 역량 등

변화를 위한 과정지표 개발

8,848m 높이의 에베레스트를 정복하는 방법에는 두 가지가 있다고 한다. 하나는 헬기를 타고 정복하는 방법이고, 나머지 하나는 걸어서 올라가 정복하는 방법이다. 헬기를 타고 정상을 정복하는 건 쉽다. 그런데 문제가 있다. 너무나 큰 기압 차로 정상에 오르더라도 신체가 적

응하지 못해 죽을 수밖에 없다는 건데, 허영호 대장의 말에 의하면 정상에 도착 후 5분도 안돼서 사망에 이를 수 있다고 한다. 죽음이 예정된 방법을 선택할 사람은 없을 것이다. 그렇다면 걸어서 올라갈 수밖에 없다. 아래에서부터 차근차근 걸어서 올라가야 한다. 그것도 방향을 잡고 안전한 루터를 통해서 말이다. 그래서 에베레스트 정복에 도전하는 등반가들은 사전에 등정 코스를 정하고 중간 중간 운영할 베이스캠프를 정한다. 그리고 베이스캠프 도착을 위해 무엇을, 어떻게 해야 하는지 전략을 세우고 책임과 역할을 나눈다. 책임과 역할은 각자가 반드시 수행해야 할 KPI Key Performance Indicator 가 된다. 등반대원 각각의 KPI 달성 여부가 에베레스트 정복 가능성을 높이는 것이다.

BBS도 마찬가지다. 사고를 불러일으키는 불안전한 행동을 제거하고, 안전한 행동으로 변화시키는 목표를 달성하기 위해서는 단계적으로 과정을 거쳐야 하며, 각자의 책임과 역할에 맞는 KPI를 설정해야 한다. 문제는 안전과 관련된 KPI가 결과지표 중심으로 되어 있다는 것이다. 사고율, 사고량, 근로손실일이라는 결과지표로만 운영하는 기업도 있다. 결과지표 중심으로 운영하는 기업에서 자주 발생하는 문제는 과정을 경시하는 것, 도전을 포기하게 만드는 것이다.

안전은 특히 더 그렇다. '사고는 운에 달린 것이다', '내가 아무리 잘 하더라도, 사고가 나면 도루묵이다'는 인식이 강하다. 위험요인과 사고를 숨기려 하고, 변화를 위한 기업의 활동에는 무관심으로 일관하는 태도를 보이는 부정적인 현상들도 나타난다. 이를 방지하기 위해서는 참여와 헌신을 이끌 수 있는 과정지표가 필요하다. 이때 과정지표의 개발은 반드시 실행 전에 이뤄져야 하며, 사전에 공지되어야 한다.

● **과정지표로 활용하면 도움이 되는 지표**
- BBS 참여율, 활동 이행률
- 불안전한 상태 발굴 건수 및 조치율
- 행동 교정을 위한 대화 건수 또는 대화율
- 리더의 안전 패트롤 이행률
- 안전제안/요청 등록 건수 및 피드백률

03

행동기반 안전관리 II
변화를 위한 행동 정의
Safety Behavior

　행동기반 안전관리BBS는 '행동은 관찰 가능하고, 측정할 수 있다'는 행동과학에 근거한 안전관리 방법론이다. 이는 기업의 조직 및 성과 관리에 있어 큰 의미가 있다. 기업의 모든 가치가 구성원의 업무 수행 활동 즉, 행동에 의해 만들어지기 때문이다. 기업에서 발생하는 사고 대부분이 부주의와 불안전한 행동에서 발생사고의 원인 중 80~95%가 행동하기 때문에 이를 관리하게 된다면, 기업에서 발생하는 많은 사고를 미리 예방할 수 있게 된다. 그렇다면 어떤 행동을 관리해야 할까?

　너무나 당연하지만 제일 먼저 사고를 불러일으키는 부주의 행동과 불안전한 행동을 관리하는 것이다. 주의할 것은 기업에서 발생하는 모든 사고를 줄이겠다고 너무 많은 행동을 관리하면 안 된다는 것이다. 한꺼번에 너무 많은 행동을 바꾸라고 하면 행동 변화의 주체인 근로자는 의도적이든, 비의도적이든 기업의 요구를 따르지 못하는 일에러, errors, 따르려 하지 않는 일위반, Violations이 생길 수 있다.

인적 실패불안전한 행동 유형 구분

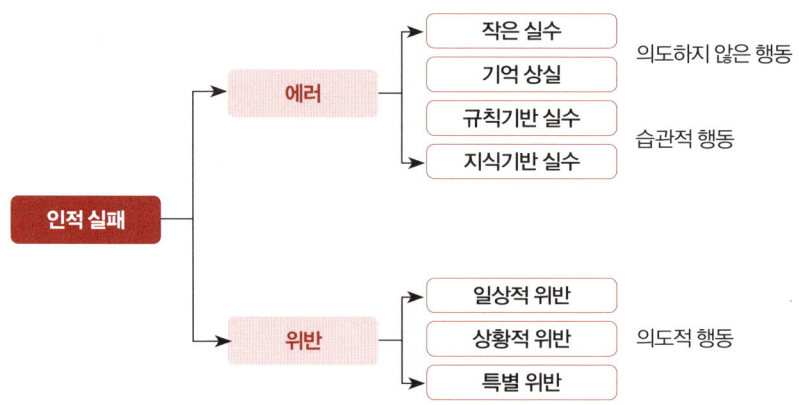

 따라서 BBS를 도입하려면 한꺼번에 많은 행동을 변화시키려는 욕심을 버리고 단계별로 변화를 추진해야 한다. 그럼 지금부터 변화를 위한 행동을 어떻게 선정하고, 단계별로 접근해야 하는지 알아보자.

 BBS의 1차 목적은 기업에서 발생하는 사고를 예방하는 것이다. 따라서 변화를 위한 1차 타깃행동은 사고를 일으키는 '불안전한 행동'이다. 불안전한 행동을 바꾸지 않고 사고를 줄인다는 건 앞뒤가 맞지 않는다. BBS의 2차 목적은 건전하고, 건강한 안전문화를 기업에 조성하고, 내재화하는 것이다. 이를 위해 필요한 타깃은 '안전행동'이다. 2차 타깃행동은 습관화가 목표다. 따라서 변화를 위한 행동 선정은 기업에서 일어나는 사고의 원인이 되는 불안전한 행동, 습관화가 필요한 안전행동으로 이뤄져야 한다.

•• 기존 자료를 통한 행동 선정

　행동 변화를 위한 1차 타깃행동을 선정하기 위해 먼저 기업에서 발생하는 사고의 원인이 되는 불안전한 행동들을 식별해야 한다. 이때 기업에서 관리하는 사고조사 보고서, 안전점검 및 위험성 평가 등 안전활동 후 기록하는 각종 자료를 분석하는 게 필요하다. 행동 심리학자와 안전 컨설턴트들의 경우 최대한 많은 자료를 분석하는 것이 좋다고 하지만 필자의 경우 수시로 변화하는 작업환경, 수시로 바뀌는 근로자들을 고려해 최근 2년의 자료 분석을 권장한다.

1 | 관리 대상 행동 리스트 작성하기

　기존 자료사고조사 보고서, 안전활동 기록 등를 분석할 때 행동유형을 먼저 분류하는 게 좋다. 불안전한 행동이 단순히 개인적인 습관에 의한 것인지개인적 이유, 불안전한 환경 때문에 어쩔 수 없이 할 수밖에 없는 것인지환경적 이유, 작업표준SOP, Standard Operating Procedure 등 시스템적 이유에 의해서 생기는 것인지 행동의 원인을 중심으로 분류하는 것이다. 이렇게 세 가지 유형으로 분류하여 관리 대상 행동을 작성하는 것이다. 이어서 건전하고, 건강한 안전문화 조성을 위해 안전행동 습관화가 필요한 행동문화적 이유을 추가해 리스트를 완성하는 것이다.

관리 대상 행동 유형 분류 기준

개인적 이유	개인의 잘못된 업무수행 및 행동 습관에 의한 불안전한 행동
환경적 이유	작업장의 불안전한 상태나 환경으로 인해 어쩔 수 없이 행하는 불안전한 행동
시스템적 이유	작업표준(SOP) 등 시스템의 복잡성과 비효율성으로 인해 발생하는 불안전한 행동
문화적 이유	건전하고, 건강한 안전문화 조성을 위해 권장해야 하는 안전한 행동

2 | 행동 발생 확률 반영하기

변화를 위한 관리 대상 행동 리스트가 작성됐다면 이어서 행동 선정에 필요한 것은 확률적 접근이다. 여기서 확률적 접근이라는 것은 불안전한 행동으로 사고가 발생한 과거 시점의 사고확률이 아니라 현재 작업장에서 나타나고 있는 불안전한 행동의 발생 확률, 현재 시점의 행동 발생 확률이다. 일부 기업들이 과거의 사고확률을 적용해 관리행동을 선정하는 경우가 있는데, 이 경우 현장에서 선정된 행동이 거의 관찰되지 않아, BBS 프로그램이 무의미하고 사고 예방에 전혀 효과적이지 않다고 생각하게 만드는 원인이 되기도 한다. 따라서 변화를 위한 행동 선정에 있어 현재 시점의 확률, 즉 작업장에서 불안전한 행동이 발생하는 확률을 적용하는 것이 필요하다.

3 | 사고 발생 시 심각성 반영하기

산업안전보건법의 '사업장 위험성 평가에 관한 지침'을 살펴보면 기업은 사업장의 안전을 위협하는 유해요인과 위험요인을 파악해 위험성을 평가하도록 하고 있다. 그 내용 중 위험성 추정을 요구하는 내용이 있는데 추정 기준 중 하나가 바로 '사고의 중대성'이다. 여기서 사고의 중대성이란 사고의 심각성이다. 단순히 베임이나 타박상에 그칠 것인지, 아니면 장애나 사망에 이를 수 있는지 하는 결과의 심각성 말이다. 따라서 불안전한 행동으로 인해 발생할 수 있는 사고의 심각성 판단은 행동 선정에 있어 매우 중요한 절차 중 하나라 할 수 있다.

4 | 단계별 행동 선정하기

BBS 프로그램을 도입해 운영할 때 기업이 요구하는 건 크게 두 가지다. 하나는 프로그램 도입을 통해 근로손실사고 및 중대재해사고가 발생하지 않았으면 하는 바람이다. 경영상의 이유도 있지만 사고 발생으로 인해 책임자가 처벌받는 일이 없도록 해달라는 것이다. 이는 너무나 당연하다. 하지만 근로손실 이상의 사고를 불러일으키는 불안전한 행동만 선정해서 관리하게 된다면, 앞서 언급한 것처럼 현장에서 거의 관찰되지 않아 프로그램의 실효성에 대한 의문을 가지게 만든다.

또 다른 요구는 한꺼번에 변화를 만들고 싶어 한다는 것이다. 즉, 기업에서 발생하는 모든 사고를 줄이고 싶다는 말인데, 이를 충족시키려면 관리해야 될 행동이 수십 가지 아니 수백 가지가 넘을 수 있다. 이는 행동 변화를 관리해야 하는 주체전담조직, 코치 등도 힘들지만, 행동 변화의 주체인 근로자에게 너무나 가혹하다. 수백 개의 행동을 기억하고, 업무를 수행하는 과정에서 일일이 행동에 신경 써야 하니 얼마나 가혹한가? 그러므로 행동 변화에 적절한 개수를 선정해 프로그램을 운영하는 게 매우 중요하다. 적정한 행동 개수로 행동 심리학자나 안전 컨설턴트들이 권장하는 것은 평균 30개 이상이다. 하지만 필자는 15개를 넘지 말도록 권유하는 편이다. 현장에서 나타나는 근로자의 행동이 생각보다 단순하며, 사고와 직결되는 행동이 그렇게 많지 않기 때문이다.

기업의 요구를 어느 정도 충족시키면서 효율적이고, 효과적으로 프로그램을 운영하기 위해 단계별 적정행동을 선정하는 것이 좋다. '행동 발생 확률'과 '사고 발생 시 심각성'을 고려해 행동관리 순위를 정하면 도움이 될 것이다.

단계별 관리행동 선정 모형

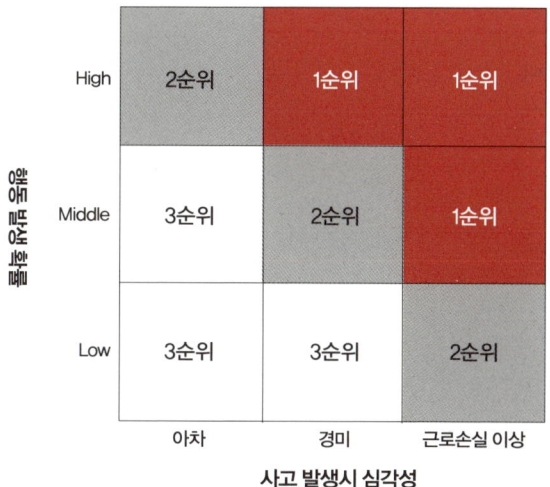

선정된 행동 검증

기존 자료에 근거해 선정한 행동을 현장에 바로 적용할 시 발생할 수 있는 문제가 있다. 선정된 행동이 생각보다 현장에서 잘 관찰되지 않는다는 점, 선정과정에서 후 순위로 밀린 행동이 더 자주 관찰된다는 점이다. 이러한 문제는 기업의 조직문화와 관련된 경우가 많다_{보고 누락 등}. 안전의 경우 잘한 것을 주로 보고하는 생산이나 품질과 달리 잘 못하고 있는 것_{위험요인, 사고 등}이 보고 대상일 수밖에 없는데, 이는 남에게 보이고 싶지 않은 치부를 드러내는 것과 같다. 따라서 치부를 숨기거나, 임의로 누락하는 경우 현장과 전혀 다른 행동들이 발견되는 것이다. 기존 자료에 근거해 선정된 행동은 반드시 검증의 과정을 거쳐야 하는 이유다.

1 | 인터뷰 검증

선정된 행동에 대한 검증은 행동 변화의 주체인 근로자의 입장에서 이뤄져야 한다. 근로자 입장에서 검증할 방법 중 하나는 인터뷰다. 근로자와의 인터뷰는 선정된 행동이 '사고 예방을 위해 얼마나 필요하고, 도움이 되는가?', '건전하고, 건강한 안전문화를 만드는 데 얼마나 도움이 되는가?'라는 관점에서 검증이 이뤄지면 좋다. BBS 프로그램의 목적이 단기적으로는 기업의 사고를 줄이는 것이지만, 중장기적으로는 건전하고, 건강한 안전문화의 실현에 있기 때문이다.

그럼 어느 정도 규모로 인터뷰를 진행해야 할까? 인터뷰가 질적조사Qualitative Research이기 때문에 대표성을 확보하기는 쉽지 않다. 질적조사에서 표본의 대표성을 확보하기 위해서는 시간과 비용이 많이 든다는 문제도 있다. 따라서 인터뷰 대상자는 집단을 대표하면서도, 조직 내 영향력이 큰 근로자를 선정하는 게 좋다. 조직 내 영향력이 큰 근로자가 인터뷰 대상자로 포함될 경우, 프로그램 실행 시 다른 근로자들의 참여와 헌신을 이끌어내는 조력자의 역할도 할 수 있어 프로그램 운영과 정착에 큰 도움이 된다. 여기서 인터뷰 진행은 1:1 개별인터뷰보다 사업 단위별 그룹 인터뷰 FGI, Focus Group Interview가 더 효율적이다.

2 | 파일럿 테스트 Pilot Test

변화를 위한 행동 검증은 최종적으로 현장 확인 과정을 거쳐야 한다. 아무리 많은 근로자와 인터뷰로 검증했다고 하더라도 현장에서 직접 보고, 테스트해 보지 않으면 안 된다. 그 이유는 첫째, 생각보다 사람들은 솔직하지 못하기 때문이다. 둘째, 사람의 행동이 하루아침에 바뀌는 것이 아니라 서서히 바뀌므로 선정된 행동은 최소 1년 이상 관리해야 효과를 볼 수 있기 때문이다. 산업현장의 안전행동 습관화를 위해서는 최소 250일이 필요하다. 따라서 선정된 행동에 대해 파일럿 테스트를 진행하는 것은 매우 중요한 절차다. 사업부 단위로 사고가 잦은 작업장을 포함해 2~3개의 작업장에서 주중과 주말, 오전과 오후로 나눠 최소 4회 정도 실시하는 게 바람직하다.

•• 체크리스트

인간의 기억력과 주의력의 한계를 보완하기 위한 도구가 반드시 필요하다. 여기서 체크리스트는 인간의 기억력과 주의력의 한계를 보완해 주는 대표적인 도구다. 또한 행동 변화를 위한 활동의 일관성과 완전성에 도움이 된다.

체크리스트의 주요 기능이 '해야 할 일의 목록을 알려주는 기능'과 활동 중 중요한 단계를 '회피하거나, 생략하는 것을 예방하는 기능'이 있기 때문이다. 따라서 체크리스트를 마련함으로써 변화를 위한 행동 선정을 마무리할 필요가 있다. 체크리스트를 문서로 만드는 것도 필요하지만, 향후 행동 변화를 위한 활동을 실시간으로 지원하고, 분석하기 위해 앱이나 웹 형태로 개발하는 것도 좋다.

04

행동기반 안전관리 Ⅲ
변화를 위한 실행
Safety Behavior

 사고 없는 일터, 건전하고, 건강한 안전문화는 실행을 통해 실현할 수 있다. 전략과 실행계획 수립은 목표 실현을 위한 길라잡이 역할을 할 뿐이다. 전략과 계획이 아무리 좋아도 그 방법론이 무엇이든 의도한 목표를 실현하는 유익한 길은 실행이기 때문이다.
 행동기반 안전관리BBS 프로그램의 실행은 '관찰활동', '대화활동' 그리고 '분석활동' 세 가지로 나눌 수 있다. 각 활동에 대해 그 의미와 주의해야 할 점 그리고 효과적인 실행 방법에 대해 알아보자.

•• 관찰활동

관찰observation의 사전적 정의는 '사물이나 현상을 주의하여 살펴보는 행위'다. 일반적으로 관찰이 사물이나 현상에 대한 실태나 현상을 객관적으로 파악하기 위해 주의 깊게 살펴보는 것을 의미하기도 하지만, 인식의 기초로서 관찰자가 피관찰 대상에 대해 어떤 의도를 가지고 살펴보는 행위의 의미도 있다. 전자는 '과학적 관점의 관찰'이고, 후자는 '철학적 관점의 관찰'이다. 근로자의 행동을 중심으로 관찰하는 BBS는 불안전한 행동 실태나 현상에 대해 객관화가 필요하고, 피관찰자인 근로자가 '왜 그렇게 행동하는 걸까?'라는 원인을 찾으려고 하는 적극적인 의도 또한 필요하다.

1 | 과학적 관점의 관찰

'과학적 관점의 관찰'은 관찰자의 주관적 입장을 철저히 배제해야 한다. 관찰의 목적이 수량화객관화와 일반화에 있기 때문인데, 이를 위해선 관찰 대상과 시기, 관찰법을 명확히 해야 한다. 이러한 활동이 중요한 이유 중 하나는 BBS의 관찰 결과는 '안전'과 '불안전'으로 기록되고, '안전행동률safety behavior ratio'과 '불안전행동률unsafety behavior ratio'로 분석되기 때문이다. 또 다른 이유는 결과에 대한 수용성 때문이다. 누군가로부터 결과에 대해 이의제기를 받게 되면, 프로그램 전담조직은 이의에 대해 설명하고, 설득해야 하는 상황에 직면한다. 따라서 과학적 관점의 관찰을 통해 도출한 수량화와 일반화된 결과는 이의제기자를 설득하며, 활동결과에 대한 수용도를 높이는 핵심 자료로 활용될 수 있다. 이는 로버트 치알디니의 '사적 증거' 실험에서 입증된 바 있다. 필자 또한 컨설팅을 진행하면서 관찰결과에 대한 이의제기를 여러 차례 받았었지만, 객관적인 증거와 수량화된 결과를 제시해 설득했다.

2 | 철학적 관점의 관찰

'철학적 관점의 관찰'은 원인 규명과 학습이 목적이다. 따라서 관찰 대상이 다양한 조건과 환경에서 말과 행동이 어떻게 바뀌는지 주의 깊게 살펴보는 활동이 요구된다. 철학적 관점의 관찰에 있어 대표적인 예는 '종의 기원'으로 우리에게 잘 알려진 찰스 다윈의 '진화론'이다. 찰스 다윈의 진화론은 비글호에 승선해 남아메리카와 적도 일대의 여러 섬을 돌아다니면서 동물, 식물, 곤충의 외형과 습성 등을 주의 깊게 관찰해 만들어졌다. 또 다른 예는 심리학자 알렉산드라 호로비츠가 뉴욕 거리를 산책하며 관찰해 얻은 깨달음이다. '왜 사람들은 같은 길을 걸어도 다른 것을 보는 것일까?' 호로비츠는 궁금했다.

이에 대한 답을 찾기 위해 자신이 실험 대상이 되어 평소 자주 다니던 뉴욕의 거리를 산책하기 시작했다. 첫 번째 산책에서는 거리가 크게 달라 보이지 않았다. 열한 번째가 되어서야 그동안 보지 못했던 풍경이 보이기 시작했고, 사람들의 행동 특성이 구분되기 시작했다는 깨달음이다.호로비츠의 저서 《관찰의 인문학》 참고. 이처럼 철학적 관점의 관찰은 우리의 근로자가 '왜 그렇게 행동하는 것일까?'라는 행동의 원인을 찾게 하고, 우리의 일터가 더 안전해질 방법과 대책을 찾는데 기여한다. 또한 행동관리의 목적이 단순히 관찰에만 있는 것이 아니라 올바른 행동으로의 변화를 위해 교정하려는 목적도 있어 행동의 원인을 탐색하는 철학적 관점의 관찰은 매우 중요하다.

3 | 관찰 노하우

BBS의 목적은 근로자의 행동을 관찰해 우리의 일터에서 불안전한 행동이 얼마나 나타나는지 그 실태를 파악하고, 불안전한 행동을 제거해 사고 없는 안전한 일터를 만드는 것이다. 이는 환자의 병을 진단해 치료하고, 처방하는 의사의 행위와 정확히 일치한다. 의사가 환자의 병을 진단하기 위해 문진하고, 진찰하는 행위와 같은 것이 바로 BBS의 관찰활동이다. 의사가 환자의 병을 제대로 진단하지 못하면 잘못된 처방을 하게 되고, 환자는 회복은 고사하고, 생명이 위태로워질 수도 있다. 안전도 마찬가지다. 안전 관찰자는 작업자의 행동을 제대로 관찰해야 한다. 이를 위해 필자가 컨설팅 과정에서 행동 관찰을 담당하는 코치들을 대상으로 한 교육에서 전수하는 관찰 노하우 몇 가지를 알려 주고자 한다.

❶ 관찰 대상에 관심을 가져라

관찰을 제대로 하기 위해서는 관찰 대상에 대한 관심이 필요하다. 관심이란 끌리는 마음과 함께 주의를 기울이는 마음이다. 대부분 사람들은 관찰 대상에 대해 관심과 주의를 기울여야 한다는 사실을 잊는 경우가 종종 있다. 또 관찰 대상을 감시의 대상으로 간주하는 경향도 있다. 관심이 없는 상태에서는 제대로 된 관찰이 이뤄질 수 없다. 그 결과 '해봐야 뭐 별것 없네'라며 실망하는 일들이 생기는 것이다. 관심이 관찰에 있어 얼마나 중요한지 재미난 사례 하나를 들어 보자.

어느 날 필자는 후배 A와 함께 점심을 먹고 사무실로 들어오던 길이었다. 그때 마침 버스 한 대가 우리를 지나쳐 갔다. 버스를 바라보던 A가 갑자기 "선배, 요즘 성형광고가 많아졌네요."라며 말을 걸었다. 정말 A의 말처럼 성형광고가 갑자기 많아진 걸까? 그렇지 않다. A가 성형에 관심이 생겼기 때문에 성형광고가 눈에 들어오기 시작한 것이다. 이처럼 관심은 정보를 인지하는 능력을 향상시키는 힘을 가졌다. 따라서 근로자에게 관심을 가지고 행동 하나하나를 관찰하다 보면, 보이지 않았던 다양한 위험들이 보이기 시작할 것이다.

❷ 관찰 대상을 있는 그대로 봐라

있는 그대로 본다는 것은 개인이 가지고 있는 주관에 의해 보는 것이 아니라 객관적으로 보는 것이다. 그런데 실제 관찰 시 개인의 주관이 개입되어 제대로 된 관찰을 하지 못하는 경우가 많다. 예를 들어 '저 정돈 괜찮아!', '나도 예전에 저렇게 일했는데 뭘'이라며 지나쳐 버리는 것이다. 즉 자신의 생각, 견해 그리고 관점이 관찰에 개입되어 잘못된 판단을 하게 된다는 것이다. 따라서 관찰 중에는 주관을 버리고, 최대한 객관성을 유지하려는 노력이 필요하다.

❸ 관찰 대상을 다양한 각도에서 봐라

다양한 각도에서 봐야 하는 이유는 정확한 인지와 판단을 위해서다. 이에 대한 예로 자주 등장하는 말이 '빙산의 일각'이다. 바다 위에 떠 있는 빙산은 일부분에 불과하다는 의미다. 잠시 쉬어 가는 의미에서 빙산의 크기를 정확하게 측정하는 방법을 알아보자. 물리학에서는 얼음의 비중을 약 0.91%, 바닷물의 비중을 1.025%로 정의하고 있다. 이는 바닷물 위에 모습을 드러낸 빙산은 불과 10% 밖에 되지 않는다는 말이다. 빙산의 무게에 해당하는 바닷물의 부피만큼 빙산은 잠기게 되는 것이다. 빙산의 모습과 크기를 제대로 알기 위해서는 바다에 잠수하거나, 관찰 장비를 수면 아래로 보내서 봐야 한다.

실제 한 작업장에서 화기작업을 하던 모습을 관찰한 적이 있다. 정면에서 보니 개인보호구도 잘 착용하고, 불꽃 방지 비산포도 설치해 안전하게 작업하고 있는 듯 했다. 혹시나 하는 마음에 뒤로 돌아가 봤더니 화기작업장 옆에 인화성 물질이 가득 쌓여 있는 걸 보고 굉장히 놀랐던 경험이 있다. 근로자의 행동을 제대로 관찰하기 위해서는 한 곳에서만 봐서는 안 된다. 앞, 뒤, 좌, 우 때론 위와 아래에서도 관찰해야 사고로부터 조금이라도 더 안전해질 수 있다. 인간이 가진 본능 '편익 추구'는 생각보다 강하다.

❹ 오감을 활용해 관찰하라

낯선 지역에 여행을 갔는데 배가 고프다고 가정해 보자. 이왕 먹는 음식이라면 맛있는 음식을 먹고 싶을 것이다. 입맛에 맞는 맛있는 음식점을 어떻게 찾아갈 수 있을까? 스마트폰으로 검색해 찾아 가면 된다고 생각할 수도 있겠다. 하지만 안타깝게도 지금 당신에게 스마트폰이 없다. 그럼 당신은 아마도 '지역주민에게 물어봐서 찾아가겠다'고 할 것이다. 그렇게 찾아간 식당, 과연 입맛에 맞을까? 이때 입맛에 맞는 식당인지, 아닌지 확인하는 방법이 있다. 식당의 줄은 누가 서 있는지를 보고, 줄을 선 사람들은 어떤 이야기를 하는지 듣고, 식당에선 어떤 재료를 사용하는지 냄새를 맡으며, 식당의 청결상태는 어떤지 직접 느껴보는 것이다. 즉 오감을 활용해서 정보를 수집하는 것이다.

산업현장에서는 다양한 이유로 근로자들이 불안전한 행동을 한다. 소음 때문에, 악취 때문에, 미끄럽기 때문에, 주변에 늘려 있는 자재들 때문에, 그리고 복잡한 공장 구조 때문에 등등 이유가 정말 다양하다. 우리는 단순히 눈에만 의존해서는 현장의 다양한 위험들을 찾을 수 없다. 오감을 활용한 관찰이 필요하다.

4 | 관찰 주기

"관찰은 얼마나 자주 해야 합니까?" 필자가 자주 듣는 질문이다. 이 질문을 하는 사람들은 누굴까? 그렇다. 행동관리를 수행해야 하는 리더와 코치들이다. 이들이 질문하는 이유는 활동 주기에 따라 업무 부담에 대한 크기가 달라지기 때문이다.

이 질문을 받으면 필자는 항상 이렇게 되묻는다. "작업이 없거나, 라인이 가동되지 않는 날은 얼마나 되나요?" 이 질문의 핵심은 근로자의 행동이 발생하는 한 관찰을 빼먹어서는 안 된다는 것이다. 어느 날은 관찰하고, 어느 날은 관찰하지 않으면 근로자는 관찰하는 날에만 행동을 조심하려 할 것이다. 즉 관찰하지 않는 날, 근로자는 불안전한 행동을 서슴없이 하게 될 것이고, 그 결과 사고가 날 확률이 도입 전에 비해 훨씬 더 높아질 수 있다. 따라서 행동 관찰은 매일 이뤄져야 한다. 매일 현장에서 근로자와 함께 생활하는 리더, 현장관리자를 BBS 코치로 임명해 운영해야 한다고 강조하는 이유다. 매일, 매시간 근로자의 행동 관찰을 현장관리자가 수행하기만 하면 된다. 그리고 프로그램 전담조직의 코치는 기회가 될 때마다 수시로 현장을 찾아 관찰 활동을 수행하는 것이 바람직하다. 만약, 경영진이나 부서장도 BBS를 위해 관찰활동에 참여하게 된다면, 경영진은 월 1회, 부서장은 월 2~3회 정도가 바람직하다. 경영진과 부서장이 현장에 너무 자주 방문하게 되면 근로자는 심리적으로 불안을 느낄 수 있고, 현장 안전 확보는 현장의 리더한테 맡기는 게 맞다.

•• 대화활동

'대화'의 정의에는 '마주 대하여 이야기를 주고받음'이라는 사전적 정의가 있고, '사람들 사이에서 언어 및 비언어적 표현을 이용해 감정과 사고가 교류하는 것'이라는 학술적 정의가 있다. 두 정의를 종합해 보면 '둘 이상의 사이에서 생각과 느낌을 주고받으며 상호작용하는 것'이 대화다. 생각과 느낌을 주고받기 위해서는 무엇이 필요할까? 전달하고자 하는 정보 '메시지', 정보를 전달하는 수단인 '음성'이나 '문자' 그리고 정보에 대한 반응인 '제스처와 태도'다. '화자와 청자'를 포함해 이를 대화의 네 가지 구성요소라 한다.

언어학자들은 올바른 대화를 위해서는 대화의 네 가지 구성요소를 모두 충족해야 한다고 주장한다. 만약, 4가지 구성요소 중 하나라도 충족되지 않는다면 잘못된 대화가 되어 방어기제를 낳거나, 오해와 갈등이라는 부정적 결과를 낳을 수 있다고 경고한다. 구성주의 리더십의 대표자인 캘리포니아 주립대 명예교수 린다 램버트는 대화와 관련해서 이렇게 말했다. "한 번의 좋은 대화로 변화의 방향을 영원히 바꿀 수 있다", 우리 속담에 "말 한마디로 천 냥 빚을 갚는다"는 말도 있다. 대화가 그만큼 중요하다는 것이다. BBS의 대화는 올바른 대화, 좋은 대화다. 현장에서 위험을 발견하면 그 즉시 위험을 제거하고, 교정해 위험을 최소화하는 활동이기 때문이다.

1 | 대화의 중요성

사고를 예방하기 위해 기업들은 작업 위험성 평가, TBM, 안전 패트롤, 안전 감사 등 다양한 안전관리활동을 하고 있다. 이러한 다양한 노력에도 불구하고, 기업의 사고는 줄어들지 않는다. 왜 그럴까? 바로 활동 자체에 의미를 두고 진행하기 때문이다. 활동 자체에 의미를 두게 되면, 현장에 존재하는 다양한 유해요인과 위험요인을 발견하긴 하나 그대로 방치하는 일이 생긴다. 기업의 안전담당자를 따라 그들이 수행하는 각종 현장안전활동을 동행해 보면 안다. 작업장에 노출된 위험들을 보고도 그냥 지나치는 경우도 있고, 근거를 남겨야 한다며 사진이나 영상을 찍기도 한다. 하지만 그뿐이다. 유해요인과 위험요인을 발견하면 그 요인들을 제거하거나, 최소화해야 하는데 그대로 방치하니 현장의 사고 위험성은 조금도 줄어들지 않는 것이다.

기업의 모든 안전활동의 목적은 사고 예방에 있다. 예방은 방치가 아니라 위험을 최소화하고, 제거함으로써 가능하다. 이를 위해서는 대화가 필요하다. 여기서 좋은 대화린다 램버트 교수가 말한 '좋은 대화'가 이뤄진다면 긍정적인 분위기를 조성해 행동 변화의 속도를 높일 수 있다. 또한 긍정적인 분위기를 기업 전반으로 빠르게 확산시킬 수도 있다. 현장의 위험을 제거하고, 최소화하는 대화활동, 긍정적인 분위기를 조성해 행동 변화의 속도와 확산 속도를 높이는 대화활동을 필자는 BBS의 '꽃Core Activity'이라 부른다.

2 | 목적에 맞는 대화 활동

심리학자 프레드릭 허츠버그는 인간의 욕구에는 동기요인과 위생요인이 있으며, 이 두 가지에 의해 태도와 행동이 결정되는데, 요인끼리는 상호 독립되어 있다며 '이중요인 이론Two factor theory'을 주장했다. 즉, '불만족이 없어진다고, 만족이 늘어나지는 않고, 만족이 늘어난다고 불만족한 것이 없어지지 않는다'는 말이다. 이는 BBS에 있어 중요한 인사이트Insight를 제공한다. 즉, 불안전한 행동을 줄이고 제거해 가는 대화, 안전한 행동을 늘려가는 대화는 달라야 한다는 것이다. BBS에 있어 불안전한 행동을 줄이는 대화는 '교정 대화'고, 안전한 행동을 늘려가는 대화는 '강화 대화'이다.

먼저 교정 대화에 대해 살펴보자. 교정은 말 그대로 잘못된 행동을 바로잡기 위한 것이 목적이다. 프레드릭 허츠버그에 따르면 위생요인, 즉 불안전한 행동을 하는 요인을 제거해야 목적을 달성할 수 있다. 예를 들어 부하직원에게 보고서 작성을 지시했는데, 부하직원이 지시했던 방향과는 다소 차이가 있는 보고서를 작성해 왔다고 가정해 보자. 이때 바로잡아야 하는 것은 무엇일까? 보고서에 채워진 내용이다. 보고서의 내용이 잘못 채워졌다는 건 두 가지 이유에 의해 생길 수 있다. 하나는 작성자의 이해 부족에서, 다른 하나는 작성자가 정보를 수집하는 과정에서 오류가 생긴 경우다. 작성자의 이해 부족이 원인이라면 좀 더 쉽고, 자세한 설명을 통해 바로잡을 수 있고, 정보를 수집하는 방법이 원인이라면 제대로 된 방법을 알려주면 된다. BBS의 교정 대화도 마찬가지다. 근로자의 불안전한 행동은 잘못된 행동을 유발하는 원인으로 바로잡아야 한다. 이를 위해서는 근로자가 불안전한 행동을 하게 된 원인을 찾는 것이 필요하다. '근로자는 왜 불안전한 행동을 하는 것일까?' 철학적 관점의 관찰에서 유추한 원인을 근로자와의 대화를 통해 확인해야 한다. '왜 그런 행동을 하셨나요?' 또는 '그렇게 행동하신 이유가 무엇 때문인가요?'라는 질문이 대화에 포함되고, 중심이 되어야 하는 것이다. 그리고 불안전한 행동의 원인을 제거하는 방법을 함께 찾는 것, 바로 이것이 BBS의 교정 대화다.

다음은 강화 대화에 대해 살펴보자. 강화는 올바른 힘과 세력을 더욱 튼튼하게 하는 것이 목적이다. 프레드릭 허츠버그의 동기요인 즉, 잘하게 된 원인을 찾아야 목적을 달성할 수 있다. 이번에는 부하직원에게 보고서 작성을 지시했더니, 지시한 내용들로 잘 정리된 보고서를 작성해 왔다고 가정해 보자. 이때 강화해야 하는 것은 무엇일까? 교정과 마찬가지로 보고서에 채워진 내용이다. 보고서의 내용을 어떻게 이리 잘 채우고, 구성했을까? 그 과정을 묻고, 칭찬해야 한다. 그래야 다음 지시에서도 유사한 과정을 거쳐 보고서를 작성하게 될 것이기 때문이다. 안전도 마찬가지다. 행동 자체를 칭찬하면 강화의 효과는 크지 않다. 남들이 하지 않는 것을 하게 된 이유나 근거를 찾아 칭찬하는 것이 필요하다. '어떻게 안전한 행동을 하게 되었나요?', '이렇게 행동한 이유는 무엇인가요?'라는 질문이 강화 대화에서 필요하다.

3 | 대화 활동 시 주의사항

불안전한 행동을 교정하고, 안전한 행동을 강화하는 BBS의 대화는 좋은 대화를 지향한다. 좋은 대화가 되기 위해서는 대화의 네 가지 구성요소로 이뤄진 올바른 대화와 함께 상대의 기분을 고려하고, 자발성까지 이끄는 발전적인 대화여야 한다. 좋은 대화를 위해 리더와 코치들이 주의해야 할 몇 가지 사항이 있다.

❶ 절대 비난하거나 질책하지 마라

불안전한 행동에 대한 교정 대화 시 절대 상대를 비난하거나 질책해선 안 된다. 리더나 코치에게 있어 '안전은 의무다'라는 인식이 뿌리 깊게 자리 잡혀 있다 보니 규정을 어기거나, 잘못된 행동을 발견할 때마다 근로자를 심하게 비난하고, 질책하는 모습을 너무나 쉽게 발견한다. 비난과 질책을 받는 사람이 만약 당신이라면 당신은 상대방의 비난과 질책에 어떻게 반응할까? 기분 나쁘고, 반발심이 들 것은 자명하다. 근로자도 마찬가지다. 비난과 질책의 말, 화난 표정, 추궁하는 말투 그리고 극단적인 표현이 담긴 대화는 절대 하지 말아야 한다.

❷ 타이밍을 잘 잡아라

'연애는 타이밍이다'라는 말이 있다. 아무리 좋아하는 감정을 갖고 다가가더라도 적절한 순간이 맞지 않으면 연애에 성공할 수 없다는 의미다. 행동 변화도 연애와 마찬가지로 타이밍이 매우 중요하다. 너무 성급하게 대화를 시도하면 상대는 불안해서 대화를 회피하려 할 수 있다. 반면 타이밍을 놓쳐 뒤늦게 대화를 하게 되면 핑계와 변명으로 자기 방어기제를 작동시킬 수 있다. 이처럼 타이밍에 맞지 않는 대화는 긍정적인 효과가 아닌 부정적인 효과를 낳을 수 있다는 것을 명심해야 한다.

❸ 무의미하게 끝내지 마라

BBS의 목적은 위험을 제거하고, 최소화하여 안전한 일터를 만듦으로써 건전하고, 건강한 안전문화를 실현하는 것이다. 두 가지 목적을 달성하기 위해서는 가장 최접점이라 할 수 있는 현장에서부터 행동 변화가 시작되고 완성되어야 한다. BBS 대화활동이 절대 무의미하게 끝나선 안 되는 이유다. 그런데 '앞으로 잘해', '다음에도 그러는지 내가 지켜볼거야' 등의 말로 대화가 끝나는 모습을 종종 본다. 이는 제대로 된 대화의 종결이라 할 수 없다. 행동 변화에 있어 구체적인 기대를 전하고, 근로자의 다짐으로 대화는 종결되어야 한다.

•• 분석활동

분석分析에 대한 의미를 정확하게 이해하려면 개인적으로 한자의 뜻풀이가 가장 좋다고 생각한다. 분석은 나눌 분分과 쪼갤 석析으로 이뤄진다. '나누고 쪼개는 것'이다. BBS의 관찰활동으로 수집되는 데이터를 나누고, 쪼개는 활동이 바로 BBS의 분석활동이다.

분석이라는 단어만 꺼내면 대부분은 생각만 해도 골치가 아프다고 한다. 가만히 있는 것을 나누고, 쪼개야 하니 그렇지 않겠는가? 그렇다고 나누고 쪼개지 않으면 돌은 돌이고, 데이터는 데이터일 뿐이다. '데이터를 데이터로만 볼 것인가?', '데이터를 가치로 전환해 볼 것인가?' 그건 분석에 달렸다. 그렇다고 너무 부담 가질 필요는 없다. BBS의 분석은 수학과 수리, 통계학을 전문적으로 공부한 전문가 수준의 분석을 요구하는 것이 아니기 때문이다.대부분 기업이 시스템을 통해 주요 결과를 자동으로 분석해 제공한다. 분석하는 통계도 평균, 합계 등 아주 기초적인 것들이다. 관찰활동과 대화활동으로 수집된 데이터가 의미하는 바가 무엇이고, 그 속에 숨은 정보가 무엇인지 찾을 수 있는 정도면 된다. 따라서 이 글에서는 무엇을, 어떻게 분석하는 것보다 분석결과가 가지는 의미를 찾는 능력 즉, 분석력을 높이는 노하우를 담고자 한다.

1 | 행동기반 안전관리BBS 주요 분석 내용

분석력 향상을 위한 노하우 전수에 앞서 간단하게 BBS에 필요한 분석에 대해 살펴보자. 분석에는 활동 현황에 대한 객관적인 정보도 필요하지만, 현재 우리가 직면한 문제와 그 문제를 해결하기 위해 앞으로 어떻게 해야 하는지 논의할 수 있는 정보가 필요하다. 바로 다음과 같은 정보들이다.

BBS 프로그램 전담팀은 코치들의 관찰과 대화를 통해 수집되는 데

● **분석시 제공되어야 하는 정보**
- 분석 주기별 활동 참여율 및 안전대화율, 안전행동률 추이
- 행동 유형별 관찰 및 안전행동률 추이
- 개별 행동별 관찰 및 안전행동률 추이
- 행동 유형별 주요 불안전한 행동 발생 현황
- 관리 중 관찰되지 않는 행동 정보
- 불안전한 행동을 야기하는 상태나 환경

이터를 기반으로, 위의 정보들을 매주 분석해야 한다. 그리고 프로그램 총괄자를 비롯해 조정자, 사업 부문 최고 리더, 현업부서에 제공하여 문제를 인식하고, 문제해결을 위한 대안을 찾는 논의가 이뤄질 수 있도록 해야 한다.

2 | 분석력 향상 노하우

그럼 지금부터 분석력 향상에 도움이 되는 노하우에 대해 알아보자. 앞으로 기술하게 될 '분석력 향상 노하우'는 BBS를 운영했던 기업 담당자들의 분석력 향상과 행동관리에 실질적인 도움이 된 것들이다.

❶ 숫자 사용을 즐겨라

숫자 사용을 즐겨야 하는 이유는 통계에 대한 심리적 부담을 줄이기 위한 것이다. 학교에 다니는 동안, 사회에 나와 직장 생활을 하는 동안 숫자와 통계는 어려움의 대상, 평가의 대상이라는 인식이 무의식적으로 우리를 지배하고 있다. 숫자는 사실 매우 유용한 소통수단이다. 누군가를 움직이게 하고, 설득할 때 숫자만큼 효과적인 것이 없다. 숫자에 결과와 의미 그리고 효과까지 함축적으로 담을 수 있기 때문이다. 예를 들어 "나는 한 달 동안 누구보다 많은 일을 해왔고, 성과를 얻었습니다"라고 말하는 것보다 "나는 30일 동안 10개의 이슈를 발견했고, 이를 해결해 1억 원을 절감했습니다"라고 말하는 게 훨씬 설득력이 높은 것처럼 말이다. 프레젠테이션의 귀재라 불렸던 스티브 잡스, 그 별명의 배경은 다름 아닌 숫자의 활용에 있었다.

❷ 숫자로 의미를 만들어라

과거 정부청사를 세종시로 이전하는 문제와 관련하여 국회에 한 보고서가 전달되었다. 그 보고서의 한 장표에는 오직 세 개의 숫자가 쓰여 있었다. 그 숫자는 '280㎞', '4만 회', '48억 원'이었다. 이 보고서에 쓰인 숫자는 그 어떤 말보다 엄청난 힘을 발휘했다. 이들이 의미하는 바는 무엇이었을까?

정답을 미리 말하자면 그 의미는 '세종청사는 아주 비효율적이며, 국민의 세금을 축내는 일이다'라는 것이다. 280㎞, 4만 회, 48억 원에 담긴 의미를 풀어보면 다음과 같다.

> "여의도 국회의사당과 세종시 청사간 거리는 280㎞, 이전하게 되면 공무원은 연간 4만 회의 출장을 다녀야 하며, 출장에 들어가는 비용만 48억 원에 이른다."

숫자들로 의미를 담아 표현하는 능력, 행동관리를 위한 전담조직에 필요한 능력이다.

❸ 숫자를 반드시 뒤집어보라

　환자가 의사를 찾아갔더니 의사는 수술해야 한다고 답했다. 환자는 무섭고 겁이 나 의사에게 물었다. "수술 성공률이 얼마나 되나요?" 의사가 환자의 질문에 "걱정 마세요. 수술 성공률이 80%나 됩니다"라고 답했다. 80%는 정말 높은 숫자다. 그런데 이 말은 실패율이 20%라는 말도 된다. 열 번 수술하면 두 번은 실패한다는 의미다. 환자는 80%의 성공률에 아무것도 하지 않고 자신을 맡겨야 할까? 아니면 20%의 실패율을 더 줄이기 위해 뭔가를 해야 할까? 그렇다. 20%의 실패율을 더 낮추기 위해 뭔가 해야 한다. 환자는 먼저 의사에게 실패율을 줄이는 방법에 대해 질문해야 한다. "어떻게 하면 실패율을 더 낮출 수 있을까요?"라고.

　안전은 수술과 같다. 우리 근로자의 생명이 걸린 일이기 때문이다. 가끔 기업 담당자들이 우리 기업은 안전하다며 안전조치율을 언급하는 경우가 있다. "우리 기업의 안전조치율은 99%입니다"라는 말을 듣고 필자는 걱정했다. 왜냐하면 사고는 단 1%의 가능성에도 발생할 수 있기 때문이다. 또, 안전조치율 99%를 만든 분모는 어떻게 구성되어 있고, 그 크기가 어느 정도인지 의심스럽기도 했다.

❹ 숫자의 규칙과 연관성을 찾아라

　요즘 초등학교 수학 문제가 너무 어렵다는 말을 듣고, 궁금해서 시험에 나온 문제를 하나 받아봤다. 문제엔 10개의 시간과 괄호로 비워진 한 칸이 있었다. 비워진 시간을 찾고, 그 규칙을 설명하는 게 요구하는 내용이었다.

[문제]

01:38 02:44 03:49 04:55 (:) 07:05
08:11 09:16 10:22 11:27 12:33

빈칸의 답은 '06:00'다. 규칙은 시침과 분침이 180°를 이룬다는 건데, 조금 더 자세히 설명하자면 시침은 1시간에 30°씩 이동하고, 분침은 360°씩 이동한다. 시침과 분침의 이동 속도를 고려하면 시침과 분침이 180°가 되는 시간 간격은 65.454545…분이다. 하루에 11번 180°를 이루게 된다는 것이다. 쉽지 않지만 재미있다.

BBS는 다양한 정보를 수집한다. 참여율, 관찰 횟수, 안전행동률, 불안전한 상태나 행동 발견 건수, 안전대화 건수와 내용, 안전 요청 및 제안 건수, 조치율 등등. 이렇게 도출되는 숫자는 모두 연관성을 가진다. 그 출발이 근로자의 행동에 근거한 숫자기 때문이다. 따라서 숫자끼리의 규칙과 연관성을 찾으려는 노력도 정말 중요하다.

❺ 변수를 만들어라

　분석력을 높이는 마지막 방법은 변수를 만들어 보는 것이다. 세상에 일어나는 모든 일과 현상에는 원인이 있다. 그래서 '원인 없는 결과는 없다'라는 말도 생긴 것이다. 통계에서 원인은 독립변수고, 결과는 종속변수다. 결과에 미치는 원인이 무엇인지 생각하고, 그 원인을 독립변수로 만들어 가설을 검증해 나가야 한다.

　불안전한 행동을 종속변수로 두고, 불안전한 행동의 원인을 독립변수로 만들어 가면서 기업의 안전에 실질적으로 위협하는 근본 원인을 하나, 둘 찾아가는 것 역시 사고 없는 일터와 건전하고, 건강한 안전문화를 만드는 데 꼭 필요하다.

05

행동기반 안전관리 IV
모니터링과 피드백
Safety Behavior

하루아침에 행동을 변화시킨다는 것은 거의 불가능하다. 그것이 인간의 불편을 전제로 할 땐 더욱 그렇다. 행동 변화를 위한 시간이 필요하다. 하지만 기업은 기다려 주지 않는다. 오히려 처음부터 전력 질주하여 단숨에 결승점을 통과하는 100m 달리기나 단거리 경기로 여기는 경향이 있다. 그러다 숨이 차서 달리기를 멈추는 일이 비일비재하다.

행동기반 안전관리BBS는 마라톤과 같다. 완주를 위한 적절한 힘의 안배, 효과적인 전략으로 뛰어야 결승점을 통과할 수 있기 때문이다. 꾸준한 힘의 분배, 시의적절한 전략의 수정이 병행되어야 한다. BBS 프로그램에 있어 꾸준한 힘의 분배는 '모니터링Monitoring'이고, 시의적절한 전략 수정은 '피드백Feedback'이다.

•• 모니터링

　모니터링의 정확한 의미를 살펴보기 전에 잠시 그 유래에 대해 알아보자. 모니터링은 어디에서 유래했을까? 모니터링은 '경고하다', '알리다'의 의미를 가진 라틴어 'monere'에서 유래했다. 이제 모니터링의 의미에 대해 살펴보자. 모니터링은 일반적으로 상태나 변화를 지속적으로 관찰하고, 기록하는 과정을 뜻한다. 즉, 데이터 수집, 분석, 평가가 포함된 일련의 과정으로 문제를 조기에 발견해 적절한 대응책을 마련하기 위한 활동이다.

1 | 변화 추세 모니터링

　근로자의 모든 행동은 조직의 활동매출, 생산, 새로운 공장과 설비 구축, 유지보수 등에 영향을 받을 수밖에 없다. 프로그램 전담팀은 행동 관찰 데이터 추세를 모니터링하여 조직의 활동 중 어떤 요인들이 근로자의 행동에 영향을 미치는지 확인해야 한다. 예를 들어 특정 공정에 대한 안전행동률이 급격히 하락했다면, 하락의 이유를 파악해야 한다. 안전행동률이 급격히 하락한 이유가 생산량을 갑자기 늘려야 했기 때문인지 아니면 설비 고장으로 수작업해야 했기 때문인지, 유지보수로 인해 새로운 인력이 투입되었기 때문인지 등 원인을 규명해야 한다. 원인 규명 이후에는 대책을 마련해 사전에 해결해야 한다. 예를 들어 코치들에게 해당 공정에 대한 관찰 횟수를 늘려 달라고 요청하거나, 현장관리자에게 근로자가 좀 더 안전하게 작업할 수 있도록 행동관리에 더 신경 써달라고 부탁하고, 주의나 교육을 당부하는 것들을 통해서 말이다. 이는 모두 모니터링으로 확인한 후 이뤄질 수 있다. 따라서 행동 변화 추세에 대한 모니터링을 소홀히 하거나 간과해서는 안 된다.

2 | 교대 근무간 비교 모니터링

대부분 기업의 경우 생산 극대화와 설비 운영의 효율화를 위해 2교대 또는 3교대로 근무하고 있다. 이는 모든 공정 구역에서 특정 시점을 주기로 관찰자(코치)와 피관찰자(근로자)가 바뀐다는 것을 의미하므로, 교대조별 수집되는 데이터의 차이를 반드시 비교해야 한다. 같은 구역에서 근무하는 그룹끼리 큰 차이가 발생한다면 해석의 문제가 발생할 수도 있다. 예를 들어 주간 그룹의 관찰자가 지속적으로 특정 상태나 행동에 대한 문제를 지적하고 있는데, 야간 그룹 관찰자는 아무런 문제를 전혀 지적하고 있지 않다면 주간 그룹만의 문제이거나, 아니면 야간 그룹의 코치가 활동을 제대로 하지 않고 있다고 판단할 수 있다. 이러한 문제 발생 시 코치에게 관찰과 대화라는 역할을 제대로 할 것을 요청해야 한다. 또한 관찰자들의 문제점을 발견하고 해결해 관찰 데이터가 현장의 상태를 정확하게 반영될 수 있도록 해야 하며, 이는 교대조별 BBS에 대한 비교 모니터링으로 가능하다.

3 | 관찰 및 대화 빈도 모니터링

프로그램 전담조직의 중요한 역할 중 하나는 관찰자 간의 관찰 및 대화 빈도를 모니터링하는 것이다. 관찰 빈도가 적다는 것은 활동을 소극적으로 하고 있다는 현상일 수 있다. 예를 들어 관찰자가 다른 업무로 인해 BBS 관련 활동을 하지 않을 수 있고, 근로자와의 사적 관계로 인해 기록과 보고를 누락했을 수도 있다. 심지어 노동조합이나 근로자들이 거부해 활동 자체를 수행하지 못하는 상황에 있을 수도 있다. 이때 프로그램 전담조직은 관찰자가 제대로 행동을 관찰하고 대화활동을 수행할 수 있도록 문제를 해결할 수 있으며, 관찰자 간의 활동 모니터링을 절대 빠뜨려서는 안 된다.

4 | 새로운 행동 개발을 위한 모니터링

행동은 변한다. 그 속도가 빠르지 않지만 말이다. BBS를 제대로 실행하게 되면 근로자의 불안전한 행동은 줄어들게 되고, 안전한 행동 습관은 늘어나게 된다. 이때 완전히 습관화가 이뤄진 행동의 경우, 관찰과 대화활동의 효율성이 낮아질 수밖에 없다. 따라서 관리행동별로 관찰 횟수에 대한 모니터링도 반드시 이뤄져야 한다.

반대의 경우도 있다. 이전에는 나타나지 않던 불안전한 행동이 관찰되면, 현장의 안전은 담보되지 않는다. 관리 대상 행동에 새롭게 포함시켜야 한다. 관리 대상의 행동 중 이미 습관화된 안전행동 말고, 새롭게 발견되는 불안전한 행동을 포함시키는 거다. 기존 행동을 새로운 행동으로 대체하고 있다는 것은 프로그램이 제대로 작동하고 있다는 증거며, 진화하고 있다는 증거가 된다.

5 | 가시적인 지원 모니터링

BBS 프로그램은 전담조직, 관찰자 운영으로만 이뤄져서는 안 된다. 프로그램 총괄자를 비롯해 최상위 리더들의 지원이 필요하다. 최상위 리더의 가시적인 지원에 대한 모니터링도 함께 이뤄져야 한다. 각 공정 또는 작업 그룹의 현장관리자는 최상위 리더들이 수행하는 안전 패트롤에 동행하며 직접 브리핑을 진행하거나, 중간 리더_{부서장이나 팀장}가 브리핑할 때 지원할 수 있어야 한다.

또한 프로그램 전담조직은 각 공정의 관찰자를 통해 지난 활동에서 문제가 없었는지 확인하며 현장관리자를 지원할 수 있어야 한다. 최상위 리더와 프로그램 전담조직의 가시적인 지원활동은 현장 리더들이 BBS 프로그램을 실행하고, 활성화하는 데 있어 매우 큰 역할을 하게 된다는 사실을 잊지 말자.

BBS의 모니터링은 실시간으로 이뤄져야 한다. 작은 위험_{불안전한 상태, 불안전한 행동 등} 하나가 치명적인 사고로 이어질 수 있기 때문이다. 관찰과 대화활동이 제대로 실행되고 있는지 실시간으로 확인하며 작업장의 안전을 위협하는 위험을 즉시 제거하고, 최소화하는 조치와 교정이 이뤄질 때 산업현장의 안전이 확보될 수 있다. 즉, 실시간 모니터링을 위한 IT시스템 구축은 BBS의 활성화와 사고 예방에 큰 도움이 된다.

> ● **실시간 모니터링시스템 구축 시 필요 기능**
> - **데이터 수집 기능** : 관찰 데이터, 대화 데이터 등
> - **자동 분석 기능** : 실시간 현황 및 추이 등
> - **공유 및 소통 기능** : 공지 및 알림, 쌍방향 소통
> - **학습 기능** : 사례_{사고사례, 우수사례 등}, 교육자료 등

•• 피드백

피드백Feedback이란 '어떤 활동이나 과정으로 얻은 결과와 관련한 정보를 제공하는 것'이다. 피드백을 하는 이유는 최초의 목적에 부합하고 있는지 확인하고, 목적 달성을 위한 활동과 과정이 적절한 상태가 되도록 수정하며 보완하는 데 있다.

단순히 활동과 과정에 대한 정보를 공유하는 것이 아니라 더 나은 방향으로 성장하고, 발전하게 하는 게 피드백의 목적이다. 따라서 BBS의 피드백은 그 목적에 충실해야 한다.

활동과 과정에 대해 객관적으로 평가할 수 있는 기회를 제공하고, 더 나은 방향으로 나아갈 수 있는 동기를 부여할 수 있어야 한다.

1 | 정확하고 객관적인 정보를 제공하라

대부분의 스포츠 선수들은 개인이나 팀의 기량을 높이기 위해 영상을 분석한다.

자신과 팀의 강점과 약점이 무엇인지 찾는 것이다. 육상선수는 영상으로 스타트 동작, 달릴 때의 팔다리 동작, 시선과 호흡을 관찰하고, 축구선수는 드리블, 패스, 슈팅 기본기와 팀 전술 단위의 공간 활용과 공간 창출을 위한 움직임을 관찰한다. 영상에는 현재의 상태를 정확하고, 객관적으로 파악하기 위한 정보가 있다.

이는 자신 또는 팀에 대한 정확한 파악은 더 나은 성과를 만들기 위해 앞으로 무엇을, 어떻게 해야 하는지를 논의하게 만든다. BBS도 마찬가지다.

현재 우리가 하는 안전관리에 대한 정보를 정확하고, 객관적으로 제공해야 한다. 정보 제공 시 중요한 것은 정보의 균형이다. 프로그램 활성화를 위해 듣기 좋은 정보만 제공해선 안 된다. 그럴 경우, '잘하고 있나 보다'라고 자만에 빠지게 할 수 있다. 그렇다고 듣기 싫은 정보만 제공하는 것도 아니다. '도대체 어떻게 하라는 건데?'라는 자괴감을 심어 줄 수 있기 때문이다.

따라서 피드백 정보는 '잘하고 있는 것', '부족한 것' 그리고 '더 잘하기 위해 개선이 필요한 것'을 균형 있게 제공하는 것이 필요하다. 단, 그 정보는 정확하고, 객관적이어야 할 것이다.

2 | 피드백 채널을 다양화하라

　BBS의 피드백은 프로그램을 이해하고 개선하며, 신뢰 구축에도 도움이 되어야 한다. 따라서 피드백 활동은 매우 효율적이면서 효과적으로 이뤄져야 하는데, 이를 위해서는 기업 내 다양한 채널 활용이 필요하다. 예를 들어 사내 인터넷망, 게시판, 조직에서 이용하는 단체 대화방 등 비대면 채널과 팀 안전회의, 사업부 운영회의 등 대면 채널들을 적극적으로 활용해야 한다. 일부 기업은 프로그램 운영에 대한 피드백을 실시하지 않거나, 실시하더라도 안전위원회를 통해서만 운영하는 경우가 있다. 이러한 소극적인 활동으로는 그 목적을 달성하기 어렵다. 운영하는 회의 내에서만 공유되고, 전임직원들에게 전파되는 데 한계가 있기 때문이다.

　따라서 가용한 모든 채널을 활용해 최상위 리더부터 근로자까지 인지할 수 있도록 해야 한다. 단순히 정보 공유에 그치지 않고, 인지한 정보에 대해 개인 또는 조직의 의견을 제시하거나, 수집할 수 있도록 한다면 피드백의 효과는 배가 된다. 필자는 이에 더해 앞서 언급했던 실시간 모니터링시스템(IT시스템)이 구현된 애플리케이션 활용을 권장한다. 스마트폰에 설치된 애플리케이션에 접속하기만 하면 BBS 프로그램이 얼마나 활성화되고 있는지, 사업장엔 어떤 위험들이 존재하는지, 어떻게 개선되어 가고 있는지 등 중요한 정보를 실시간으로 확인할 수 있는 매우 유용한 채널이다.

3 | 활동 우수자와 노하우를 공개하라

BBS 피드백이 중요한 또 다른 이유는 프로그램의 활성화 때문이다. 활성화는 구성원의 참여와 헌신에 달렸는데, 참여와 헌신에 대한 결과가 보상된다면 더 높은 참여와 헌신을 이끌 수 있을 것이다. 보상에는 금전적 보상 Monetary compensation과 비금전적 보상 Non-Monetary compensation이 있다. 금전적 보상은 금전이나 경제적 가치가 있는 물건을 제공하는 것이다. 외적 동기 유발이라고도 하며, 임금, 수당, 인센티브가 대표적이다. 비금전적 보상은 돈이나 물질이 아닌 보상으로 내적 동기를 불러일으킨다. 칭찬, 인정, 성취감, 자긍심이 이에 해당한다. 금전적 보상은 인간을 일정한 방향으로 움직이게 할 순 있지만 지속성에는 한계가 있다. 인간의 욕심은 끝이 없어 더 큰 보상을 요구하게 되는데, 이를 충족시키지 못하면 언제든지 중단하게 될 수도 있다. 반면, 비금전적 보상은 만족감과 즐거움을 느끼게 해주므로 지속력이 매우 강하다. 게다가 창의성과 몰입, 회사의 다른 일에도 참여하는 의지를 불러일으키는 효과도 있다. 따라서 피드백 과정에서 BBS 활동 우수자에게 적절한 금전적 보상과 함께 비금전적 보상이 이뤄지는 게 좋다. 전 임직원 앞에서 공개적으로 칭찬하고, 인정하는 것은 매우 의미 있고, 중요하다. 이때 단순히 활동 우수자를 선정해 알리는 것이 아니라 그들이 선정된 이유와 노하우를 구체적으로 공유한다면 프로그램의 질적 향상까지 가져오는 효과도 얻으리라 본다.

4 | 프로그램 조정자 노동조합을 적극 활용하라

피드백의 마지막 노하우는 노동조합을 활용하는 것이다. 노동조합은 노동자의 권익을 대변하는 단체로, 근로자의 참여와 헌신에 가장 큰 영향력을 발휘할 수 있는 주체다. 이들의 협조 없이 프로그램을 성공시키기란 생각보다 힘들 것이다. 전략 수립 단계에서 프로그램 조정자로 노동조합의 참여를 적극 권유하는 이유다. 이에 더해 피드백 활동에서도 노동조합을 활용할 필요가 있다. 활동 우수자와 우수부서를 포상할 때, 노동조합 위원장을 반드시 참여시키고, 노동조합에서 정기적으로 발행하는 신문이나 매체를 활용한다면 근로자들의 더 많은 참여와 헌신을 이끌어낼 수 있다. 필자가 진행한 기업 중 한 기업은 노동조합에서 정기적으로 발간하는 월간지에 안전문화활동 정보와 함께 위원장이 시상하는 소식을 담아 매월 전 근로자에게 전하고 있다. 노동조합을 통해 BBS 프로그램을 활성화한 대표적인 예다.

06

행동 변화의 완성, 마부작침 磨斧作針
Safety Behavior

뭔가 새로운 것을 할 때면 늘 찾아오는 위기가 있다. 바로 포기하고 싶은 마음이다. 포기하고 싶은 마음은 왜 찾아올까? 이러한 의문에 대한 답은 의외로 쉽게 찾을 수 있다.

주말에 산을 오르는 사람들이 참 많다. 산을 오르기 위해 등산 입구에 가보면 형형색색의 등산복, 멋진 등산화, 고급스러운 스틱을 든 사람들을 볼 수 있다. 그들의 겉모습을 보면 하나같이 산악 전문가다. 30분 정도 산을 오르면 여기저기 휴식을 취하는 사람들을 볼 수 있다. 한 손에는 생수병을 들고, 한 손에는 타월을 들어 땀을 닦고 있다. 그들의 숨소리는 아주 불규칙하다. 그래도 등산을 포기하는 사람들은 없다. 다시 심기일전해서 자리를 털고 일어나 정상을 향해 한 발 한 발 내디딘다. 등산한 지 한 시간이 조금 지나면 다시 만나는 사람들이 있다. 산을 오르다 포기하고 내려오는 사람들이다. 겨우 1/3을 올랐을 뿐인데. "왜 벌써 내려가시나요?" 물었더니 "체력이 부족해서 도저히 안 되겠네요"라는 말을 한다. 산악 전문가처럼 장비는 잘 준비했지만, 등산을 위한 기초 체력은 키우지 못하고 성급히 도전한 결과다. 다시 한 시간을 더 걸어 중간지점에 도착했다. 산을 잘 타는 사람들도 잠시 휴식을 취하는 곳이라 그런지 많은 이들이 음료와 간단한 음식을 섭취하고 있다. 휴식을 하던 사람들 속에서 "난 여기까지다"라는 말이 들린다. 포기하려는 사람들의 목소리다. "여기까지 힘들게 왔으니 조금 더 힘내 봅시다"라는 말이 뒤잇는다. 주변에서 용기를 불어넣는 말에 어떤 사람은 다시 의지를 다지고, 어떤 사람은 하산하는 선택을 한다. 다시 정상을 향해 가다 보니 정상이 보인다. 이제 30분만 더 가면 정상이다. 그런데 눈앞에 펼친 등산로가 보통 등산로가 아니다. 너무 가파른데도 이곳에서는 한 사람도 포기하지 않는다. 목까지 차오르는 호흡을 다시 가다듬고 발걸음을 정상을 향해 옮긴다. 호흡이 금방 목까지 차오른다. 호흡을 다시 가다듬는다. 그렇게 무한 반복하면서 오른다.

  결국 정상에 발을 내디딘 사람들에게만 허락하는 선물이 있다. 산 아래서는 결코 볼 수 없는 풍경이 그것이다. 시원한 바람이 땀을 식히는 동안 자세를 잡고 힘차게 목소리 높여 외친다. "야~호". 정상에 올랐다, 해냈다는 기쁨의 소리. 정상에 오른 이만 누리는 기쁨이다. 포기한 사람들은 풍경도, 기쁨도 누릴 수 없다. 포기抛棄는 '던질 포抛', '그만둘 기棄'로 이뤄진 단어다. 어떤 일이 힘들거나, 가망이 없어 보일 때 하던 일을 던지고, 그만두는 것이다.

•• 마부작침磨斧作針이다

시선詩仙으로 칭송받는 이백李白을 일깨운 일화에서 유래한 사자성어가 있다. '마부작침磨斧作針이다. 도끼를 갈아 바늘을 만든다는 뜻을 가진 사자성어다.

> ● **마부작침**磨斧作針**의 교훈**
> 무엇을 이루기 위해서는 반드시 시작해야 한다.
> 시작했으면 끝장을 봐야 한다.
> 실천, 열정, 끈기 그리고 인내의 교훈이다.

행동은 하루아침에 바뀌지 않는다. 개인의 행동을 바꾸는 데도 노력과 시간이 필요한데, 하물며 조직 전체의 행동을 바꾸기 위해서는 얼마나 많은 노력과 시간이 필요하겠는가? 조직 전체의 행동을 바꾸는 BBS는 그래서 마라톤과 같다. 마라톤 완주를 위해 적절한 힘의 안배와 꾸준함이 결승점을 통과하게 하듯, BBS 프로그램도 끈기와 인내로 꾸준히 실천해 나가야 한다. 조직의 모든 불안전한 행동이 안전행동 습관으로 바뀔 때까지!

Epilogue

안전문화 꽃을 피웁시다

먼저 이 책을 읽어 주신 모든 분에게 감사드립니다. 그리고 오늘도 근로자의 안전을 위해 노력하시는 기업의 경영진, 부서장, 현장 리더 그리고 EHS 담당자분들께 진심으로 존경과 감사의 말씀을 드립니다.

저는 안전과 관련한 큰 꿈이 있습니다. 바로 세상의 모든 근로자가 매일 무탈하게 가족의 곁으로 돌아가는 것이죠. 너무 거창하고, 실현 불가능한 꿈일까요? 저는 그렇게 생각하지 않습니다. 아무리 척박한 땅이라도 씨앗을 심고, 물을 주면 싹이 돋아납니다. 돋아난 싹은 관심과 애정의 크기만큼 자라죠. 그리고 언젠가 꽃을 피웁니다. 피어난 꽃은 또 다른 꽃을 만들고, 그 꽃들이 모여 꽃밭이 됩니다. 저는 어제도, 오늘도 그리고 내일도 안전문화의 씨앗을 뿌리고, 관심과 애정으로 싹을 키워갈 겁니다. 안전문화 꽃밭이 될 때까지 말입니다. 기업의 안전을 책임지고 계신 분들 그리고 이 책의 독자 여러분들도 그 길에 함께해 주셨으면 좋겠습니다. 여러분이 계시는 기업부터 안전문화의 꽃을 피워, 임직원들 모두가 매일 무탈하게 가족의 곁으로 돌아갈 수 있을 테니까요. 그렇게 안전문화의 꽃이 핀 기업들이 하나, 둘 늘어난다면 세상의 모든 근로자가 매일 무탈하게 가족의 곁으로 돌아가는 꿈은 더 이상 꿈이 아니게 될 것입니다.

  이 책이 그 시작이 되었으면 좋겠습니다. 여러분들의 기업에 안전문화의 꽃을 피우는 의미 있는 씨앗이 되었으면 좋겠습니다.

컬쳐스탠드 대표 컨설턴트
진현진 Edward.Jin

감사한 분들

- 사랑하는 아내 유소영, 아들 진서후 그리고 가족들
- 존경하는 분들 : 유인상, 오진영, 김종운, 이주열, 조창열, 김종주, 이청준, 이승배, 정재태, 현호섭 그리고 안전을 위해 노력하시는 경영진과 리더님들
- 고객사 : HD현대인프라코어, 삼성SDI, LG전자 스마트파크, KT, HD현대건설기계, HD싸이트솔루션, 현대트랜시스, 현대모비스, 현대로템, YNCC, OCI, 현대글로비스, 현대자동차, 현대자동차 남양연구소 국가철도공단, 한국수자원공사, 한국도로공사, 인천국제공항공사, 건강보험공단, 국민연금공단 등 저와 관계한 모든 고객사에 감사드립니다.

< 참고자료 >

- 매출액 100대 기업 ESG, FKI, 2023
- 중대재해 처벌 등에 관한 법률 시행령, 국가법령정보센터
- 산업재해 현황, 안전보건공단
- 체르노빌 원전사고 요약보고서, INSAG
- Industrial Accident Prevention, A Scientific Approach, Heinrich
- Heinrich's Domino Model of Accident Causation, 1980
- Accident proneness model, Greenwood, 1919
- Weaver's Domino Model of Accident Causation, D.Weaver
- Accident causation & the Management systems', Professional Safety. E.Adams
- DuPont Sustainable Solution, NSC, 2010
- Safety and Risk management, LNS Research, 2017
- Review of General Psychology, Asch, Solomon, 2002
- Risk Management A Complete Guide, 2020 Edition
- Total Quality Management and Lean Thinking 5.0
- Self Determination Theory, Edward Deci & Richard Ryan
- Ishikawa's diagrams, Ishikawa, 1984
- Health and Safety Management System ISO 45001
- Safety Intervention Strategies By NSC
- On Memory, Herman Ebbinghaus
- On Looking: A Walker's Guide to the Art of Observation, AlexandraHorowitz
- Liberating Leadership Capacity: Pathways to Educational Wisdom,Linda Lambert
- A framework for shared leadership. Lambert, L., 2002
- Herzberg's Theory of Motivation and Maslow's Hierarchy of Needs,Gawel,JosephE., 1997
- Managing the Management Risk: New approaches to Organization Safety, B.Wilpert and T.Ovale
- Cooper's Reciprocal Safety Culture Model. Domic Cooper
- Organizational Communication, T.Hannagan, 1995
- Understanding Human Behavior in the Workplace, Cooper, 1995
- Developing a Safety Culture, CBI, 1990
- Human Safety and Risk Management. Glendon, 1995

- Human Factors in Industrial Safety, HSC, 1992
- Leadership and Organization, Bryman, 1986
- Successful Health and Safety Management, 2ndedition, HSE
- Risk-taking Behavior, Wiley Series in Human Performance and Cognition, J.Wiley&Sons, 1192
- 행동이 성과를 만든다. 로빈 슈튜어트 코츠, 비즈니스맵, 2008
- The BEHAHIOR, STEVE JACOBS and COLLEAGUES, 2013
- Publications on safety culture, focused mainly on the nuclear industry: http://nuclearsafety.info/safety-culture
- Antonsen, S. Safety Culture: Theory, Method and Improvement. Ashgate., 2009
- Roughton, James. Developing an Effective Safety Culture: A Leadership Approach(1sted.), 2002
- Diaz, R. I.; Cabrera, D. D, Safety climate and attitude as evaluation measures of organizational safety. Accident Analysis and Prevention., 1997
- Mathis, Terry L. & Galloway, Shawn M., STEPS to Safety Culture Excellence, 2013
- O'Toole, M., The relationship between employees' perceptions of safety and organizational culture, 2002